Antonia Cicero & Julia Kuderna
Die Kunst „der Kampfrhetorik"
PowerTalking in Aktion

Ausführliche Informationen zu weiteren Titeln aus dem Bereich der Kommunikation sowie zu jedem unserer lieferbaren und geplanten Bücher finden Sie im Internet unter **www.junfermann.de** – mit ausführlichem Infotainment-Angebot zum JUNFERMANN-Programm.

Antonia Cicero & Julia Kuderna

Die Kunst der „Kampfrhetorik"

PowerTalking in Aktion

Junfermann Verlag · Paderborn
2000

© Junfermannsche Verlagsbuchhandlung, Paderborn 1999
2. Auflage August 2000
3. Auflage September 2000
Covergestaltung: Petra Friedrich

Satz: adrupa Paderborn

Die Deutsche Bibliothek – CIP-Einheitsaufnahme
Cicero, Antonia:
Die Kunst der „Kampfrhetorik": PowerTalking in Aktion / Antonia Cicero; Julia Kuderna. – Paderborn: Junfermann, 1999
ISBN 3-87387-419-9

ISBN 3-87387-419-9

Inhalt

„Wer kämpft, kann verlieren.
Wer nicht kämpft, hat schon verloren."

Bert Brecht

Vorwort

Kennengelernt haben wir uns über einer Leiche. (Nein, keiner rhetorischen, einer ganz realen.) Um aber allen Verdächtigungen gleich wieder die Grundlage zu entziehen: Im Jahre 1984 sahen wir beide unsere Zukunft noch in der Medizin.

Da wir aber in den darauffolgenden Jahren unsere Prioritäten veränderten (und uns der Umgang mit Menschen und nicht nur mit Fällen zunehmend wichtig war), trafen wir uns in einem gänzlich anderen Berufsfeld wieder.

1992 entstand für das Rahmenprogramm einer Filmwoche zum Thema „Mörderinnen" (unser bisher letzter gemeinsamer Kontakt mit Leichen) in Wien unser erstes Seminar zum Thema Kampfrhetorik. Dieses Seminar erfreute sich sofort großer Nachfrage und ist bis heute ein „Bestseller". Das liegt zum einen daran, daß wir im deutschsprachigen Raum zu den Pionierinnen zu zählen sind, was diese Thematik betrifft, andererseits entspricht dieses Thema wohl auch dem Zeitgeist.

Ein Feld neu zu erschließen erfordert Modelle zu adaptieren und Theorien neu zu entwickeln, Übungen und Seminardesigns zu entwerfen. Tätigkeiten, die wir immer als sehr lustvoll erleben.

Die Gemeinsamkeiten ebenso wie die Unterschiede zwischen uns führen einerseits zu Konkurrenzkämpfen und Konflikten, andererseits aber auch immer wieder zu sehr produktiver Zusammenarbeit.

So muß eine von uns immer den Text vor Augen haben, die andere hingegen formuliert im Hintergrund Kreise ziehend. So textet eine wie ihr „der Schnabel gewachsen ist", während die andere an ausgefeilten Formulierungen tüftelt. Während für die eine die Lust am Kämpfen und am Gewinnen im Vordergrund steht, reizt die andere am Thema die Analyse und die Entwicklung langfristiger Strategien. Während die eine nach der Devise „entweder – oder" lebt, bevorzugt die andere „sowohl – als auch".

Schon 1994 wurde die Idee geboren, unsere Erkenntnisse und Erfahrungen zum Thema Kampfrhetorik im Rahmen eines Buches auch einer breiteren Öffentlichkeit zugänglich zu machen. Aufgrund von anderen Verpflichtungen vergingen jedoch einige Jahre bis zur konsequenten Umsetzung dieses Vorhabens.

So manchen Unkenrufen zum Trotz waren wir von der ersten niedergeschriebenen Zeile an davon überzeugt, daß unser Buch genügend Interesse hervorrufen würde, und zweifelten nie daran, daß sich für das fertige Manuskript auch ein Verlag finden würde.

Es ist uns eine besondere Freude, daß wir gerade Junfermann als renommierten Fachverlag gewinnen konnten. An dieser Stelle möchten wir besonders Herrn Gottfried Probst für sein Engagement und seine Unterstützung danken.

Bedanken möchten wir uns nicht zuletzt auch bei Martin Füll, Claudia und Helene Kuderna und Claus Noé für ihre Geduld und Unterstützung während des Schreibens und für ihre wertvollen Hinweise bei der Endredaktion des Manuskripts.

Wir hoffen, daß Ihnen die Lektüre dieses Buches ebensoviel Vergnügen bereitet wie uns das Schreiben.

Antonia Cicero & *Julia Kuderna*
Wien, im Mai 1999

Kleine Betriebsanleitung

Sie erwägen, dieses Buch zu kaufen? Sie haben es schon gekauft? Sie haben es von einer wohlmeinenden Person geschenkt bekommen? Jemand hat sich mit Ihnen einen Scherz erlaubt, und das Buch liegt jetzt auf Ihrem Nachttisch? Und was machen Sie nun damit?

In diesem Buch geht es um Mechanismen, nach denen Konfrontationen und Konflikte verlaufen. Diese Mechanismen zu durchschauen, mit ihnen zu „spielen" und sie erfolgreich für sich zu nutzen oder aber zu umgehen, das kann die Lektüre dieses Buches Sie lehren.

Aber: Die folgenden Seiten enthalten keine simplen Kochrezepte, sondern verstehen sich als eine Sammlung von Tips, Tricks, Übungen, Fallbeispielen und theoretischem Hintergrundwissen aus unserer langjährigen Praxis als Trainerinnen. Selbstverständlich haben wir Namen, Organisationen und Orte, welche in den Fallbeispielen genannt werden, so verändert, daß sie keine Rückschlüsse zulassen.

Sie sind herzlich dazu eingeladen, ab und zu darin zu schmökern oder aber es von Anfang bis zum Ende durchzulesen. Wir wollen Sie beim Lesen informieren, amüsieren, Ihnen Denkanstöße geben, vor allem aber brauchbare und praxisnahe Hinweise für Konfrontationen jeglicher Art liefern.

Wir wollen Ihnen damit die Möglichkeit bieten, das Repertoire, das Sie ohnehin schon besitzen, zu erweitern und Sie zu neuen Varianten in Ihrem persönlichen Umgang mit und in Ihrem Verhalten in Kampfsituationen ermutigen. Sie haben die freie Auswahl, aus der breiten Palette einzelne Strategien und Taktiken auszuprobieren und die für Sie passenden auszusuchen.

Da wir mit unserem Buch sowohl Frauen als auch Männer ansprechen wollen, war es uns ein Anliegen, in den Formulierungen und in den Beispielen immer wieder auch Frauen explizit zu nennen. Da im deutschen Sprachraum Bücher in geschlechtsneutraler Formulierung (z.B. „LeserInnen" für „Leserinnen und Leser") nicht üblich und damit auch schwerer lesbar sind, haben wir uns zu einem Kompromiß entschieden: Wo es uns möglich war, haben wir uns für Ausdrücke und Fassungen entschieden, die beide Geschlechter gleichermaßen meinen; wo die Lesbarkeit beeinträchtigt zu werden drohte, haben wir männliche Formen verwendet.

Unsere Seminare beginnen wir meist mit den Worten: *„Der Erfolg dieses Seminars liegt an Ihnen selbst. Je mehr Sie sich auf dieses Seminar einlassen, desto mehr können Sie auch von diesem Seminar profitieren."*

Dasselbe gilt auch für das Lesen dieses Buches. In den meisten Kapiteln finden Sie Übungen, die Sie alleine oder mit anderen durchführen können. Denn es reicht selten aus, in der Theorie zu wissen, welche Möglichkeiten es gibt, sich z. B. gegen Killerphrasen zur Wehr zu setzen; der Erfolg hängt auch von der Routine ab. Schlagfertigkeit kann trainiert werden! Und genau diese Routine können Sie unter anderem mit Hilfe der Übungen erwerben, die wir Ihnen deshalb sehr ans Herz legen.

Aus eigener Erfahrung wissen wir, daß Üben und Ausprobieren sehr lustvolle Angelegenheiten sein können. Dasselbe wünschen wir auch unseren Lesern: daß Ihnen nicht nur die Lektüre dieses Buches, sondern auch die erfolgreiche Anwendung Spaß machen möge.

1. Grundlagen

1.1 Was ist eigentlich Kampfrhetorik?

Kampfrhetorik setzt die grundlegenden Mechanismen, nach denen menschliche Kommunikation verläuft, nicht außer Kraft – sie verhilft dazu, diese Mechanismen möglichst gut zu nutzen.

Kampfrhetorik setzt sich allerdings – dann, wenn es den Anwenderinnen und Anwendern angebracht erscheint – über von Menschen geschaffene und kulturell bedingte Regeln, etwa die der Höflichkeit, hinweg, indem diese Regeln hinterfragt oder außer acht gelassen werden. Viele informelle „Spielregeln", die wir für unabänderlich halten, können verändert, Grenzen gedehnt, verschoben oder überschritten werden.

Kampfrhetorik bedeutet, Sprache und Kommunikation einzusetzen, um ein gestecktes Ziel zu erreichen – also in Situationen, in denen Sie sich durchsetzen oder schlicht gewinnen wollen, die geeigneten Mittel und Methoden zur Verfügung zu haben. Ob dieses Ziel ein positives oder negatives – im moralisch-ethischen wie in jedem anderen Sinn – ist und welche „Waffen" – Keule oder Florett – zur Erreichung dieses Ziels Verwendung finden und ob, wann und wie diese eingesetzt werden, kann nur jeder und jede einzelne je nach Situation für sich selbst entscheiden. Einige Entscheidungshilfen – was wann wo und wie sinnvoll sein könnte – finden Sie in den folgenden Abschnitten.

1.2 Über Fairneß und andere Illusionen

Die Berufswelt ist – zumindest auf den Ebenen wo es um Einfluß und viel Geld geht – weder ein Paradies noch ein Schrebergarten, sondern ein Dschungel. Und diesen sollte man auch nur gut ausgerüstet und wohlvorbereitet betreten – und nicht laut singend und durchs Unterholz stapfend, damit Tiger und Klapperschlangen gleich wissen, wo sie sich ihr Frühstück holen können.

„Die Guten werden am Ende belohnt, und die Bösen erhalten ihre gerechte Strafe", „Wenn man nur will und alles versucht, dann kann man alles erreichen", „Alle Menschen sind gleich" sind Illusionen einer heilen und gerechten Welt.

Was wir nicht wollen, ist, Ihnen alle Illusionen zu rauben und alle Ihre Grundsätze in Frage zu stellen. Wir bezweifeln nur, daß sich die Wirklichkeit durch das Festhalten an Illusionen und Grundsätzen regeln läßt.

Lassen Sie sich auf ein Gedankenexperiment ein: Sie selbst bemühen sich um Fairneß und Gerechtigkeit. Wie reagieren Sie, wenn die Kollegin das Projekt, das Sie entwickelt haben, als das ihre verkauft, wenn der Geschäftspartner sich nicht an die Vereinbarungen hält?

Wolfgang arbeitet in der Telekommunikationsbranche. Um sich zu profilieren, beginnt er an einem Verkaufskonzept für eine Region zu arbeiten. Er holt Informationen ein, vergleicht Daten und Konzepte, entwirft Ideen und beginnt Kontakte zu knüpfen. Dies alles in seiner Freizeit. Für die Realisierung des Vorhabens braucht er die Unterstützung des Abteilungsleiters, der das Projekt der Geschäftsführung präsentieren soll. Das Projekt wird bewilligt, und Wolfgang setzt seine ganze Energie dafür ein. Die Verkaufszahlen in der Region steigen kontinuierlich, und in der ganzen Firma gilt dieses Projekt als vorbildlich. Als Wolfgang sich um eine bessere Position bewirbt und das von ihm entwickelte Verkaufskonzept als Referenz angibt, wird ein anderer Kollege ihm vorgezogen. Bei seinen Rückfragen erfährt er, daß sein Vorgesetzter Wolfgangs Idee und Einsatz als die seinen verkauft und die Lorbeeren eingeheimst hat.

Sie an Wolfgangs Stelle hätten nun die Wahl, über das Verhalten des Vorgesetzten zu jammern, die Ungerechtigkeit dieser Welt zu beklagen oder Ihre Schlüsse aus diesen Erfahrungen zu ziehen!

Sie können nicht davon ausgehen, daß Ihre ethischen Werte sich selbstverständlich mit denen Ihres Gegenübers decken!

Selbst wenn Sie versuchen fair zu sein, schützt Sie das nicht vor „Unfairneß" Ihrer Umwelt!

Wolfgang wechselte die Firma. Er sah keine Möglichkeit, aus dieser Situation für sich noch irgendeinen Gewinn zu ziehen, da sein Kontrahent sein direkter Vorgesetzter und damit einflußreicher als er selbst war. In der neuen Firma versuchte er, seine Schlüsse umzusetzen.

Werden Sie sich selber über Ihre eigenen ethischen Wertvorstellungen klar bzw. formulieren Sie sie, damit diese Haltungen bewußt werden und nicht als unbewußte und unreflektierte Verhaltensregeln Ihren Handlungsspielraum einschränken.

Wehren Sie sich gegen unfaires Verhalten von anderen, benennen Sie dieses Verhalten und decken Sie es auf. Oder verändern Sie Ihr eigenes Verhalten!

Nicht zuletzt: Es ist unabdingbar, sich vor wichtigen Abschlüssen oder Vereinbarungen mit den Partnern über Regeln zu unterhalten und diese gegebenenfalls auszuhandeln!

1.3 Der Weg ist *nicht* das Ziel

„Ich bin spontan am besten!" ist eine Aussage, die wir sehr häufig von Teilnehmerinnen und Teilnehmern unserer Seminare hören. Natürlich verheißt gutes – also schnelles und sicheres – Reagieren auf gegebene Situationen Erfolg. Dennoch: Reagieren bedeutet, Impulse von anderen abzuwarten und damit die Zielrichtung nicht selbst zu bestimmen.

Diese Selbstbestimmung ist eine der Qualitäten, die Erfolg ausmachen. Bestimmen Sie selbst, ob und wie Sie auf Angriffe reagieren wollen, aber auch, ob Sie in die Offensive gehen wollen. Dafür ist eine Festlegung des eigenen Ziels die Voraussetzung.

„Der Weg ist das Ziel" ist eine faszinierende philosophische Lebenseinstellung, hilft Ihnen aber wahrscheinlich in der konkreten Situation nicht immer weiter. Vor allem ist diese Einstellung eine sehr passive. Nur darauf zu warten was passiert, und nicht selbst zu bestimmen, wohin der Weg führen soll, beschränkt die Möglichkeiten der Selbstbestimmung. Wollen Sie das wirklich?

Häufig wird zwischen Ziel und Wunschvorstellung nicht unterschieden. Man kann sich zwar wünschen, reich zu werden, doch das bleibt vermutlich so lange eine Wunschvorstellung, bis dieser Wunsch als erreichbares Ziel formuliert und eventuell auch in realistische Teilschritte zerlegt wird. Wenn Ihre Absicht etwa lautet: „Ich möchte gerne reich werden und mindestens eine Million auf der hohen Kante haben", so scheint diese Zielsetzung vielleicht auf den ersten Blick nicht realistisch. Wenn Sie aber Ihre Zielformulierung abändern und sich vornehmen, pro Woche zehn Stunden mehr zu arbeiten und das dadurch verdiente Geld in lukrativen Sparformen anzulegen, wird Ihr Vorhaben für Sie eher erreichbar.

Dieses Beispiel zeigt sehr deutlich, daß eine Zielvorstellung nur durch die betreffende Person selbst definiert werden kann. Denn ob Ihr Wunsch, reich zu werden, realistisch ist oder nicht, hängt von Ihrem Einkommen ab und davon, ob Ihnen dieser Vorsatz tatsächlich über Jahre hinaus die Mehrarbeit, den Zeitaufwand, den Verzicht auf Hobbys (den zehn Stunden pro Woche Mehrarbeit mit sich bringen würden) wert ist.

Auch eine klar formulierte Zielvorstellung ist keine Garantie dafür, daß das betreffende Ziel auch erreicht wird. Sie ermöglicht allerdings eine Kontrolle von Teilerfolgen, die für den Gesamterfolg notwendig sind. Dadurch kann objektiv(er) beurteilt werden, wie weit der Erfolg noch entfernt ist. So kann im obengenannten Beispiel der monatliche Kontoauszug in Zahlen ausdrücken, wie lange Sie noch sparen müssen, um Millionär zu werden.

Ein brauchbares Ziel muß folgenden Kriterien entsprechen:

Positiv formuliert

Wir möchten Sie nun zu einem kurzen Experiment einladen: Denken Sie an eine beliebige Farbe, aber denken Sie nicht an knallrot. Was kommt Ihnen beim Lesen dieser Zeilen spontan als erstes in den Sinn? Dunkelgrün etwa? Auch nahezu alle Teilnehmer unserer Seminare, die wir zu diesem Gedankenexperiment eingeladen haben, berichten, daß sie automatisch an rot denken.

Dies ist übrigens die Ursache, warum sehr viele gute Vorsätze, wie etwa mit dem Rauchen aufzuhören, nicht funktionieren. Wenn sich Nikotinabhängige immer nur sagen: „Ich will nicht mehr rauchen!", ignoriert das Unterbewußtsein die Verneinung und hört nur: „Ich will rauchen!"

Oft ist es leichter zu formulieren, was man nicht (mehr) möchte, dennoch dient eine negative Formulierung nur der Abgrenzung, gibt aber keine Zielrichtung vor. Wenn Sie also bereits wissen, was Sie nicht mehr wollen: Was wollen Sie statt dessen?

Konkret

Wenn Sie beschließen abzunehmen, ist das zunächst nicht mehr als eine vage Absichtserklärung. Erst wenn Sie auch festlegen, wieviel Gewicht Sie in welchem Zeitraum verlieren wollen, wird das Ziel greifbar und damit eine Realisierung dieses Vorhabens wahrscheinlicher. Je konkreter Sie Ihr Ziel beschreiben, je exakter Sie Termine, Größenordnungen, Teilschritte und Methoden der Zielerreichung festlegen, desto eher und leichter gelangen Sie an Ihr Ziel.

Überprüfbar

Ziele sind dann wenig sinnvoll, wenn Sie nicht überprüfen können, ob Sie das Ziel auch erreicht haben. Wenn Sie keine Termine festlegen, können Sie sich über diese Kontrolle hinwegschwindeln, notfalls sogar jahrelang. Aber Sie kommen Ihrem

Ziel nicht entscheidend näher. Deshalb ist es notwendig, Erfolgskriterien zu bestimmen, anhand derer Sie ermitteln können, ob Sie Ihr Ziel erreicht bzw. wie weit Sie sich Ihrem Ziel schon genähert haben.

In vielen Fällen, vor allem bei komplexeren oder längerfristigen Zielen, ist es zweckmäßig, ein Ziel in mehrere kontrollierbare Teilschritte zu zerlegen. Sie können dann überprüfen, ob auch die einzelnen Teilschritte unter Ihrer Kontrolle sind. Sie können vor allem messen, ob Sie Ihr Ziel erreicht haben. Sie können nachjustieren, falls Ihnen ein Teilschritt nicht gelungen ist, und brauchen nicht gleich das ganze Gelingen in Frage zu stellen.

Ökonomisch

Die individuelle Kosten-Nutzen-Rechung ist ein wesentlicher Schritt bei der Zielformulierung. Harriet Goldhor Lerner beschreibt in ihrem Buch *Wohin mit meiner Wut?* das Verhalten einer Frau, die an einem ihrer Seminare teilnehmen wollte. Diese Interessentin hatte sich zu einem Aggressionsworkshop angemeldet und war ganz begeistert. Einen Tag vor Beginn des Workshops rief sie bei Goldhor Lerner an und meinte, ihr Mann hätte ihr verboten, an dem Workshop teilzunehmen. Sie wäre jetzt schrecklich wütend auf ihren Mann, könnte aber trotzdem nicht an dem Seminar teilnehmen. Offensichtlich überwogen für diese Teilnehmerin die Kosten, nämlich der Ärger ihres Ehemannes und der damit verbundene potentielle Liebesentzug!

Es ist wichtig, gerade bei der Kosten-Nutzen-Rechnung ehrlich gegenüber sich selbst zu sein! Wenn Sie sich selbst belügen, werden Sie Ihr Ziel nicht erreichen, Sie werden spätestens kurz vorm Finish zurückschrecken und aufgeben!

Passend (zu Werten, Weltanschauungen, anderen Zielen)

Es hat keinen Sinn, sich selbst Ziele zu stecken, die Ihren Wertvorstellungen und Anschauungen widersprechen oder nicht mit anderen Zielen, die Sie sich gesteckt haben, vereinbar sind. Wenn Sie anderen helfen wollen, wenn Sie Mitgefühl als eine hohe Qualität schätzen, werden Sie bei der Bulldozer-Strategie („Ich mähe alles nieder, was sich mir in den Weg stellt!") mit Ihrem Gewissen in massive Konflikte geraten und damit nicht erfolgreich sein.

Beeinflußbar – im eigenen Bereich

Dieses Kriterium ist das zweite, das recht häufig Schwierigkeiten bei der Zielformulierung bringt. Viele Menschen neigen – gerade in Konflikten und heftigen Auseinandersetzungen – dazu, der anderen Partei alle Schuld – und damit alle Verantwortung – in die Schuhe zu schieben. Wenn sich das Gegenüber nur endlich ändern würde, dann wäre ja alles in Ordnung. Nur – ob sich Ihr Gegenüber ändert oder auch nicht, ist die Entscheidung Ihres Gegenübers. Sie selber haben keine Möglichkeit, auf diese Entscheidung direkt einzuwirken.

Die Möglichkeit die Sie haben ist, sich zu entscheiden, was Sie (und nur Sie) in dieser Situation tun wollen! Dadurch werden Sie Ihres eigenen Glückes Schmied und begeben sich nicht in Abhängigkeit von anderen. Eine Einschränkung erscheint uns allerdings angebracht: Wir reden hier nicht über Situationen, die durch Abhängigkeit, Zwang oder Gewalt gekennzeichnet sind!

Flexibilität

Es kann passieren, daß sich der Zugang zu Ressourcen verändert, während Sie an der Umsetzung eines Vorhabens arbeiten. Wenn der Kopierer nachts den Geist aufgibt, können die erforderlichen Unterlagen nicht bis zum folgenden Morgen kopiert werden. Ziele müssen immer wieder sich ändernden Umständen angepaßt und neu formuliert werden.

Während der Umsetzung kann sich auch die inneren Bewertung der Kosten-Nutzen-Rechnung verändern, z.B. durch neue Erkenntnisse und Erfahrungen. Manchmal wird erst im Rahmen der Umsetzung klar, daß ein Preis doch zu hoch ist und daher die Nachteile die Vorteile nicht mehr aufwiegen.

Klare Ziele zu formulieren, ehe man sich an die Durchführung macht, mag anfangs vielleicht eine ungewohnte Herangehensweise sein und kostet auch in der Anwendung Zeit. Längerfristig macht sich dieser gesteigerte Aufwand jedoch bezahlt: Sie ersparen sich Um- und Irrwege, Rückschläge und Niederlagen.

▪ Der Grundsatz „Zuerst denken, dann handeln" ermöglicht einen effizienten Umgang mit den eigenen Energien.

▶ Jede Person ist für ihren Erfolg selbst verantwortlich! Durch die eigene Entscheidung kann man sich aus der Abhängigkeit von anderen, aber auch von den eigenen Launen und Stimmungsschwankungen befreien.

▶ Ressourcen werden erkennbar und nutzbar.

▶ Eine klare Zieldefinition verlangt eine klare, rationale Entscheidung. Wenn Sie sich entscheiden, daß Sie sich einem Konflikt nicht stellen wollen, weil sie Angst haben, dadurch jemanden zu vergrämen, ist das in Ordnung. Es ist nur wichtig, daß diese Entscheidung klar und bewußt getroffen wird!

▶ Erfolg ist kein Zufallsprodukt mehr.

Checkliste Zieldefinition

Um zu wissen, welche Strategien und Taktiken einzusetzen Sinn macht, ist es unumgänglich, vor wichtigen Gesprächen und Verhandlungen, vor Konflikt- und Kampfsituationen zu klären, was eigentlich erreicht werden soll – ein eindeutiges Ziel zu definieren. Brauchbare Ziele, die auch die notwendige Überzeugungskraft entwickeln, sollten folgenden Kriterien entsprechen:

▶ positiv formuliert
▶ kontrollierbar
▶ ökonomisch (individuelle Kosten-Nutzen-Rechnung)
▶ erfahr- und überprüfbar
▶ passend (zu den eigenen moralischen Werten, Weltanschauungen, anderen Zielen etc.)
▶ im eigenen Bereich liegend

Übung

Suchen Sie sich eine schwierige Situation, in der es wichtig ist, ein klares Ziel zu haben. Formulieren Sie dieses Ziel, und überprüfen Sie nun anhand der folgenden Fragen, ob Ihre Zieldefinition den Zielkriterien entspricht. Versuchen Sie nicht, sich um Widersprüche oder Unklarheiten zu drücken, sondern bemühen Sie sich um Klarheit:

▶ Was genau möchten Sie?
▶ Was werden Sie dann haben, was Sie vorher nicht hatten?

▶ Ist das Erreichen des Ziels (nur) von Ihnen abhängig?
▶ Was brauchen Sie, um das Ziel zu erreichen?
▶ Wie können Sie das bekommen, was Sie zum Erreichen des Ziels brauchen?

▶ Was wird passieren, wenn Sie Ihr Ziel erreichen?
▶ Was wird passieren, wenn Sie Ihr Ziel nicht erreichen?
▶ Gibt es Risiken?
▶ Könnte das Erreichen des Zieles irgendwelche Einflüsse auf andere Bereiche haben?
▶ Wenn ja, welche?
▶ Überwiegen Kosten oder Nutzen?

▶ Woran werden Sie merken, daß Sie Ihr Ziel erreicht haben?
▶ Woran werden andere merken, daß Sie Ihr Ziel erreicht haben?

▶ Was ist Ihnen an diesem Ziel besonders wichtig?
▶ Würde das Erreichen des Zieles noch etwas nach sich ziehen?
▶ Wie paßt das Ziel zu Ihren Wertvorstellungen, zu Ihrem bisherigen Leben, zu Ihrem bisherigen Verhalten?

Eine Teilnehmerin unserer Seminare, Britta, war Mitarbeiterin bei einer mittelgroßen PR-Agentur. Wenn Britta eine Idee vorschlug, ging der Chef der Agentur in der Regel nicht darauf ein. Wurde derselbe Vorschlag von einem ihrer Kollegen eingebracht, reagierte ihr Chef häufiger positiv; in den meisten Fällen bekam dieser Kollege dann auch den Auftrag. Bei der Suche nach den Ursachen zog Britta den Schluß, daß sie sich in den Teamsitzungen zuwenig einbrachte und auch ihre eigenen Leistungen viel zuwenig in den Vordergrund stellte. Britta war die Anerkennung ihres Chefs sehr wesentlich. Also nahm sie sich vor, sich in den nächsten Sitzungen jeweils mindestens dreimal zu Wort zu melden. Als nächsten Schritt wollte Britta dann auch vermehrt inhaltlich Stellung nehmen oder Kritik äußern.

Drei Monate nach dem Seminar trafen wir Britta zufällig in der Stadt. Sie erzählte, daß sie bei den ersten Wortmeldungen weiter ignoriert worden war. Also korrigierte sie ihren Plan. Sie bat eine Kollegin, auf ihre Wortmeldungen zu reagieren und sie damit zu unterstützen. Und siehe da – es funktionierte. Beim nächsten Programmpunkt entspann sich eine Diskussion um Brittas Vorschlag. Britta brachte es auch immer öfter zuwege, sich mehr Redezeit zu nehmen und sich und ihre Ideen in den Vordergrund zu stellen. Innerhalb von drei Monaten hatte es Britta geschafft, deutlich mehr Aufträge zu bekommen und auch in der Agentur intern mehr beachtet zu werden. Ob sich ihr Wunsch – nämlich speziell vom Agenturchef mehr geschätzt zu werden – durch diese Strategie erfüllt hatte, konnte sie nicht sagen. Allerdings meinte Britta, daß ihr diese Wertschätzung nicht mehr so wichtig wäre, da sie jetzt mehr Anerkennung von ihren Kolleginnen und Kollegen bekäme.

1.4 Die Basis – das emotionale Gleichgewicht

„Er hat emotional gehandelt. Gehen Sie zu ihm und helfen Sie ihm, reifer zu werden!"
– aus der TV-Serie „Adrenalin – Notärzte im Einsatz"

Ein weitverbreiteter Irrtum besteht darin, zu glauben, daß Kommunikation zum größten Teil vom Inhalt bestimmt wird; Gefühle, Stimmungen, Befindlichkeiten würden nur eine untergeordnete Rolle spielen. Wenn Sie sich jetzt an Ihre letzten Gespräche – insbesondere bei Meinungsverschiedenheiten – erinnern, welcher Aspekt stand im Vordergrund? Der Inhalt oder die emotionale Seite?

Kommunikation verläuft immer auf (zumindest) zwei Ebenen: auf der Sachebene und auf der emotionalen oder Beziehungsebene. Das Verhältnis zwischen den beiden macht das Modell eines Eisberges anschaulich: Der Großteil des Eisbergs liegt unter Wasser, ist also nicht sichtbar.

Sachebene

▶ verbale Kommunikation
▶ weitgehend bewußt und beabsichtigt

Bewußtseinsschwelle (Filter)

Beziehungsebene

▶ nonverbale Kommunikation
▶ weitgehend unbewußt und nicht
beabsichtigt
▶ ausgedrückt durch Körpersprache,
Mimik, Gestik, Tonfall, Stimmla-
ge, Sprechtempo, Pausen etc.

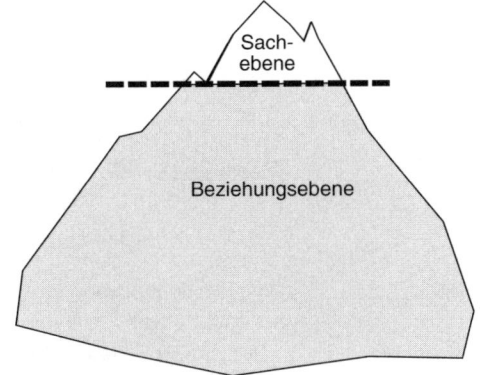

Die **Sachebene** beinhaltet das The-
ma eines Gesprächs bzw. eines Statements: Inhalte, Fakten, Daten, Informationen, Argumente.

Die **Beziehungs-** oder **emotionale Ebene** setzt sich aus Gefühlen, Stimmungen, der persönlichen Beziehung zwischen den Gesprächspartnern (Sympathie, Anti-pathie, Hierarchie, Vorerfahrungen, Vorurteile etc.) und der Beziehung zum The-ma (Interesse, Wissen, Kompetenz etc.) bzw. zu einzelnen Wörtern (positive und negative Reizwörter) zusammen und wird von unterschiedlichen inneren (Tages-verfassung, Streß etc.) und äußeren (Zeit, Ort etc.) Faktoren beeinflußt.

An diesem Modell wird sehr plastisch illustriert, daß es gerade in der Kampfrheto-rik um den emotionalen Anteil von Kommunikation geht. Die wesentliche Strate-gie besteht darin, den Gegner aus dem emotionalen Gleichgewicht zu bringen, gleichzeitig aber selbst stabil zu bleiben.

Schwachpunkte bei anderen ausloten

Jeder Mensch hat Schwachpunkte. Diese auszuloten und gegebenenfalls zu nutzen, aber auch um die eigenen Schwachstellen zu wissen und diese zu verbergen sind wesentliche Elemente erfolgreicher Kampfrhetorik. Schwächen, Unsicherheiten, emotionale Verstrickung, Widerstände etc. machen sich durch verbale wie nonverbale Anzeichen bemerkbar. Einige der wesentlichsten Merkmale sind nachstehend angeführt; je mehr davon jeweils zusammentreffen, desto größer ist die Wahrscheinlichkeit, tatsächlich eine Schwachstelle des Gegenübers gefunden zu haben.

Checkliste: Hinweise auf Schwachstellen

Nonverbale Merkmale	Verbale Merkmale
lächeln, lachen (insbesondere wenn es nicht zum Inhalt des Gespräches paßt)	Wechsel von Hochsprache zu Dialekt und umgekehrt
Veränderungen in der Lautstärke (merkbar lauter oder leiser)	Wechsel von allgemeinen („man" etc.) zu persönlichen Formulierungen („ich") und umgekehrt
Veränderungen im Sprechtempo (merkbar schneller oder langsamer)	Verlust des roten Fadens Verzetteln
fragender Tonfall	„drumherumreden", nicht zum Punkt kommen
fehlende oder übertriebene Betonung, Pausensetzung und Modulation	Lücken
häufige „Ähs", „Mhms" etc.	Freudsche und andere Versprecher Widersprüche
kein Blickkontakt sehr häufiger Wechsel der Blickrichtung	Wiederholungen Übertreibungen
ständiger Wechsel der Körperhaltung sonstige Veränderungen in der Körperhaltung (siehe Körpersprache)	Abschwächungen abschwächende Floskeln („vielleicht", „eventuell", „irgendwie", „sozusagen"...) häufige Verwendung des Konjunktivs

Ehe Sie sich nun ins Getümmel begeben: Wollen Sie alle Schwachstellen, von denen Sie wissen oder auf die Sie in einer Auseinandersetzung stoßen, auch wirklich nutzen? Ist es für Sie vertretbar, auf die geringen finanziellen Mittel Ihres Gegenübers anzuspielen oder die psychische Erkrankung der Mutter zu erwähnen? Gehen Sie nie weiter, als Ihnen selbst vertretbar erscheint und Sie sich zutrauen, die Situation unter Kontrolle zu behalten.

In welcher Verfassung befinden Sie selbst sich gerade? Fühlen Sie sich sicher und sind von sich selber überzeugt, oder befinden Sie sich gerade mitten in einer persönlichen Krise? Es hat keinen Sinn zu versuchen, sich gegen Ihre Konkurrenz durchzusetzen, wenn Sie vor fünf Minuten von der schweren Krankheit Ihrer Mutter erfahren haben. Auch das weitverbreitete Gerücht, starke Aggressionsentfaltung würde in Konfliktsituationen zum Sieg führen, erweist sich nur allzuoft als Irrtum.

Starke emotionale Verwicklungen verengen die Wahrnehmung. Sie sind nicht mehr fähig, zu erkennen, was Ihr Gegner wirklich sagt und tut, sondern gehen nur mehr von Ihren eigenen Gefühlen aus. Sie sehen die Schwachstellen nicht mehr, bemerken den günstigen Zeitpunkt zum Zuschlagen nicht mehr und vergeben dabei wichtige Chancen. Sie agieren zwar, aber an der Situation vorbei.

Wobei Ihre Emotionen nicht nur von Ihnen und Ihrem Gegenüber abhängen, sondern auch vom Umfeld. In einer ernsten Fachkonferenz werden Ihnen nicht die Anekdoten und Witze zufliegen, die beim entspannten Geburtstagsfest unter Freunden nur so aus Ihnen heraussprudeln. Daher ist es wichtig, ein Gespür für Stimmungen im Raum zuzulassen, sie frühzeitig zu erkennen, damit Sie nicht von diesen Stimmungen einfach davongetragen werden!

Gerade die eigenen Emotionen zu berücksichtigen ist ein wichtiger Punkt in der Vorbereitung auf eine Auseinandersetzung. Welcher Zeitpunkt ist für Sie am besten geeignet? Gibt es einen Raum, in dem Sie gute Erfahrungen gemacht haben und der Ihnen dadurch eine Portion Extra-Sicherheit vermittelt? Können Sie etwas tun, um Ihr persönliches emotionales Gleichgewicht besonders zu stützen? Wie wäre es mit einem exzessiven Einkaufsbummel (unter der Voraussetzung, daß Sie danach nicht an einem akuten Anfall von schlechtem Gewissen leiden), einem Marathonlauf, einem gemütlichen Schaumbad in der warmen Wanne, einem unterhaltsamen Kinofilm oder einem netten One-Night-Stand? Suchen Sie für sich selber eine geeignete Methode, Ihr emotionales Gleichgewicht zu stützen!

Was können Sie tun, wenn Sie selbst getroffen werden? Keinesfalls sollten Sie so tun, als wäre nichts passiert. Das heißt nicht, aufzugeben oder dem Gegner zu signalisieren, wo Sie beim nächsten Mal zu treffen sind. Sondern es bedeutet, sich selbst nichts vorzumachen. Verstecken Sie Ihre Verletzung nicht vor sich selbst, finden Sie einen konstruktiven Weg, damit umzugehen. Für sich, aber auch hinsichtlich Ihres Gegners.

Eine hilfreiche Taktik in diesem Zusammenhang ist, Zeit zu gewinnen. Der Fokus des Gesprächs darf jetzt nicht weiter auf Ihnen ruhen, Sie müssen das Gesprächsthema umlenken.

Ein Teilnehmer eines Seminars erklärte auf die Frage nach seinen Hobbys wortreich, daß die Ausübung seiner Hobbys für die Familie und vor allem für seine Kinder kein Problem sei, und außerdem hätten die Kinder ja auch Spaß am Modellfliegen und so eine Möglichkeit, an die frische Luft zu kommen, und außerdem würde er dadurch ja auch viel mehr Zeit mit den Söhnen verbringen, statt zu Hause vor dem Fernseher zu sitzen, und außerdem würde das Modellfliegen den Kindern schon in einem sehr jungen Alter wichtige Erfahrungen möglich machen ...

Der Teilnehmer antwortete auf die simple Frage nach seinen Hobbys mit einer langen Kette von Rechtfertigungen – der Schluß, daß sich nur jemand, der ein schlechtes Gewissen hat, rechtfertigen muß, ist naheliegend.

Daher ist es sinnvoll, bei sich selber diesen Mechanismus zu beobachten. Immer wenn Sie bemerken, daß Sie anfangen, sich zu rechtfertigen, heißt das, daß Sie gerade jetzt leicht angreifbar sind und auf Ihr emotionales Gleichgewicht besonders achten müssen!3

2. Planung

2.1. Kein Sprung ins kalte Wasser: Situationsanalyse

Das individuelle Ziel zu definieren ist die unverzichtbare Basis für weitere Aktionen. Der nächste Schritt ist, die Situation, das Umfeld und die beteiligten Personen zu analysieren. Dabei ist es sinnvoll, nicht von der eigenen Perspektive auszugehen, sondern die Situation von einem objektiveren und damit distanzierteren Blickpunkt (der sogenannten Meta-Ebene) aus zu betrachten. Wobei nicht alle Überlegungen in jedem Fall zum Tragen kommen werden. Wenn Sie eine Auseinandersetzung mit Ihrem Vorgesetzen haben, werden die Schwächen von anwesenden Dritten für Sie keine Rolle spielen, zeitliche Überlegungen hingegen schon.

Mitspieler

Meistens stehen Sie und Ihr Kontrahent nicht alleine auf dem Feld. Es kann sein, daß ein Konflikt andere Differenzen überdecken soll und damit scheinbar unbeteiligte Personen heftiges Interesse daran haben, den Konflikt aufrechtzuerhalten. Es kann auch sein, daß sich ein Publikum an heftigen Auseinandersetzungen ergötzt und durch Applaus die Konfrontation noch anstachelt. Daher ist es wichtig, sich über alle Beteiligten, deren Handlungen und deren Einfluß auf die Auseinandersetzung klarzuwerden.

Verbündete

In den meisten Fällen ist es nützlich, sich nach Verbündeten umzusehen. Verbündete können aktiv in die Auseinandersetzung eingreifen oder auch nur Informationen beschaffen oder Ihnen den Rücken stärken. Wer ist an dieser Situation beteiligt? Wer ist auf Ihrer Seite? Wie zuverlässig sind Ihre Verbündeten? Sind die Verbündeten nur aus sachlichen Gründen auf Ihrer Seite oder auch emotional mit Ihnen verbunden? Eine emotionale Verbindung kann durch Enttäuschungen leichter aufs Spiel gesetzt werden, auf der anderen Seite ist dieses Bündnis oft belastbarer als ein reines Zweckbündnis. Wieviel Einfluß haben Ihre Alliierten? Die Frage nach dem Einfluß von Bündnispartnern spielt eine große Rolle bei der Strategieplanung, denn nur einflußreiche Verbündete können wirkungsvoll in Geschehnisse eingreifen.

Gegner

Wer steht Ihrem Ziel im Weg? Wer konkurriert mit Ihnen – direkt oder indirekt? Aus welchen Gründen? Gibt es alte offene Rechnungen zwischen Ihnen? Welche Verbündeten haben Ihre Gegner? Wie haben sich Ihre Gegner bis jetzt verhalten? Wie emotional reagieren Ihre Gegner? Wie mächtig sind Ihre Feinde? Die Schwächen und Stärken der Gegner zu kennen, ermöglicht Ihnen eine realistische Einschätzung der Situation, wobei auch hier emotionale Verwicklungen anders zu gewichten sind als sachliche Differenzen. Vermutungen über die Motive der Gegner anzustellen kann hilfreich sein, um deren Verhalten und Reaktionen möglichst treffsicher einzuschätzen – aber Achtung: Vermutungen sind keine Fakten!

Unbeteiligte (?) Dritte

Wer ist sonst noch beteiligt? Wer hat welche Interessen? Werden sie sich einmischen oder neutral verhalten? Wie neutral sind die Neutralen? Haben sie irgendwelche Interessen, über die sie doch noch gewonnen werden können? Wer hat wieviel Einfluß? Gibt es graue Eminenzen? Wer kann für Sie nützlich sein, ohne Sie aktiv zu unterstützen? Wer ist zwar nicht für Sie, aber vor allem gegen Ihre Gegner? Die Frage nach anderen Beteiligten ist vor allem dann von Interesse, wenn es um einflußreiche Dritte geht, etwa Vorgesetzte. Profitieren die „Neutralen" von einem anhaltenden Konflikt zwischen Ihnen und Ihrem Gegner?

Ist „Neutralität" – also nicht in Auseinandersetzungen verwickelt zu sein – für sie ein Wert an sich? Die Sympathie dieser Unbeteiligten gewinnen sie, wenn überhaupt, nur damit, wenn Sie angegriffen werden und Ihr Gegner der Aggressor ist, oder wenn Sie es schaffen, diesen Anschein zu erwecken.

Welche Rolle spielen neutrale Personen? Profitieren die „Neutralen" von einem anhaltenden Konflikt? Wirken sie gar aktiv daran mit, Sie und Ihren Gegner zu spalten? Wenn dem so ist, wäre der eine oder andere Gedanken daran, ob Sie sich nicht mit Ihrem derzeitigen Gegner verbünden und den Konfliktgewinnler angreifen sollten, jedenfalls keine Zeitverschwendung. Zudem sollten sie sich wappnen, da diese Neutralen nach einer Beendigung des Konflikts womöglich zu Gegnern werden können.

Publikum

Gibt es unbeteiligtes Publikum? Wie groß ist das Publikum? Ist es Ihnen fremd oder bekannt? Hat das Publikum eigene Interessen? Personen, die nicht an der Auseinandersetzung beteiligt sind und auf die das Ergebnis keine Auswirkungen hat, haben nur das Interesse, unterhalten zu werden. Auf welche Art und Weise ein Publikum unterhalten werden will, ob es erheitert, schockiert, beeindruckt etc. werden will, ist unterschiedlich. Wenn Sie also die Gunst des Publikums gewinnen wollen, unterhalten Sie es! Denn in manchen Fällen, nicht nur bei Podiumsdiskussionen, bestimmt das Publikum mit, wer „gewonnen" hat.

Gefährliche Mitspieler

Es gibt Mitspieler, die sich nur sehr bedingt oder gar nicht als Verbündete eignen, aber gefährliche Gegner sein können. Bündnisse mit in der Hierarchie sehr weit oben stehenden Personen bergen die Gefahr einer einseitigen Abhängigkeit; Sie haben ihnen meist wenig anzubieten. Überdies ist die Gefahr groß, daß Ihre hart erarbeiteten Leistungen und Erfolge gar nicht Ihnen zugerechnet werden, sondern dem mächtigen Verbündeten. Als Gegner stehen Ranghöheren wesentlich mehr Einflußmöglichkeiten zur Verfügung als Ihnen, daher ist eine Auseinandersetzung ein hohes Risiko.

Auch in der Hierarchie ganz unten stehende Personen sind mit Vorsicht zu genießen, denn sie haben nichts oder nur sehr wenig zu verlieren, sind also nur eingeschränkt paktfähig.

Psychisch instabile Personen treffen ihre Entscheidungen häufig nach irrationalen Maßstäben und sind daher nicht berechenbar. Verlassen kann man sich auf sie nicht – weder als Feind noch als Freund.

Normen/Werte des Umfelds

Welches Verhalten – insbesondere bei Auseinandersetzungen – ist in diesem Umfeld üblich? Wie wird dieses Verhalten bewertet? Gibt es Verhalten, das abgelehnt wird? So ist ein betont höflicher Umgang miteinander und die Verwendung von gepflegtem Hochdeutsch in einem Produktionsbetrieb selten üblich. Gibt es besonders starke Werte, die das Umfeld prägen? Erfolg um jeden Preis wird in einem Unternehmen mit hohem Konkurrenzdruck anders bewertet werden als in einer sozialen Einrichtung.

Familienbetriebe funktionieren oft nach der Regel: „Über die eigene Familie darf nichts Schlechtes gesagt werden" oder: „Blut ist dicker als Wasser." Sie werden als Außenstehender gegen Angehörige des Familienclans eine schwierige Position haben.

In vielen Organisationen gibt es kein durchgängiges stringentes Normensystem, sondern Brüche oder mehrere unterschiedliche Kulturen, abhängig von Zugehörigkeit zu Generationen, Geschlecht, Religion, Abteilungen etc. Was wird ausgesprochen, was tabuisiert? Tabus zu brechen ist ein wirkungsvolles, aber gefährliches Mittel, das nur gezielt eingesetzt werden soll. Wenn Sie gegen Normen und Werte verstoßen, müssen Sie mit Sanktionen rechnen, daher empfiehlt es sich, in diesem Zusammenhang eine Kosten-Nutzen-Rechnung aufzustellen.

Rollenklärung

Welche Rolle spielen Sie? Welches Image haben Sie? Was erlaubt Ihnen Ihr Part, was verhindert oder erschwert er? Wie eng ist das Korsett, in das Sie durch ein bestimmtes Image gezwängt werden? Wie verhalten Sie sich rollenkonform, wie nicht? Was kostet Sie Ihre Rolle, was bringt sie Ihnen? So verleiht eine Eltern-Rolle zwar Macht, ist aber auch recht anstrengend, weil sich Mütter oder Väter permanent um die „Kinder" kümmern müssen.

Ressourcen (Geräte, Material, Geld etc.)

Welche Ressourcen können Sie nutzen? Was kostet Sie die Nutzung? Ist es Ihnen das wert? Wie aufwendig ist die Vorbereitung? Welche Möglichkeiten stehen den anderen zur Verfügung, die Sie nicht haben, und umgekehrt? Ein Internet-Anschluß ermöglicht es, mehr Informationen zu bekommen und sich mit anderen schneller auszutauschen. Wenn Ihr Gegenspieler einen Internet-Anschluß besitzt, kann es auch für Sie sinnvoll sein, in einen Anschluß zu investieren.

Örtlichkeiten

Welche Örtlichkeiten stehen zur Verfügung? Wenn es mehrere mögliche Räume für Gespräche, Verhandlungen, Konfrontationen etc. gibt, versuchen Sie, die Wahl der Örtlichkeit zu Ihren Gunsten zu beeinflussen. Wie sehen diese Räume aus? Welche Ressourcen (Flip-Chart, Overhead-Projektor, Mikrophonanlage, Tische, Bestuhlung, Beleuchtung, Lautstärke, Heizung, Toilettenanlagen, Versorgung mit Essen, Getränken etc.) bietet dieser Raum? Was für eine Stimmung strahlt der Ort aus? Wie viele Personen passen in die Räumlichkeiten?

Enge und Platznot tragen dazu bei, Stimmungen anzuheizen; große Räume und viel Abstand zwischen den Personen erhöht die Wahrscheinlichkeit einer sachlichen Auseinandersetzung in kühler Atmosphäre. Spornt die Anwesenheit eines Publikums Sie zu Höchstleistungen an, sorgen Sie für ausreichend Platz; bevorzugen Sie Vier-Augen-Gespräche, ziehen Sie sich in einen kleinen Raum zurück.

Zu wessen Revier gehört der Raum, oder handelt es sich um neutralen Boden? Wenn Ihr Ziel eine gemeinsame Lösung, ein konstruktives Ergebnis ist, ist die Wahl eines neutralen, ausreichend großen Raumes mit angenehmer Ausstrahlung angebracht.

Zeit

Wieviel Zeit haben Sie in der Auseinandersetzung? Geht es nur um eine einzige, isolierte Auseinandersetzung, oder müssen Sie längerfristig planen? Wieviel Zeit hat die Gegenseite? Wieviel Zeit brauchen Sie für Ihre Vorbereitungen? Gerade der Faktor Zeit ist sowohl bei einer Kosten-Nutzen-Rechnung als auch bei der Planung von Strategien ein wichtiger Aspekt.

Informationen

Welche Informationen stehen Ihnen zur Verfügung? Welche beziehen sich auf überprüfbare Tatsachen? Was sind Annahmen und Interpretationen? Oft werden Annahmen mit Fakten verwechselt, daher besteht ein Großteil der Informationssuche aus dem Überprüfen von Annahmen.

2.2 Konflikte

„Gestern hatten wir im Büro endlich mal wieder einen echt schönen Konflikt. Das hat uns allen richtig gutgetan!"

Sie können sich nicht vorstellen, freudestrahlend von Ihrer letzten konflikthaften Auseinandersetzung zu berichten? Weil Kämpfe unangenehm sind? Weil Konflikte Beziehungen belasten? Weil Sie Streit lieber vermeiden? Warum eigentlich?

Konflikte haben verschiedene wichtige Funktionen; eine davon ist die Auseinandersetzung mit Unterschieden aller Art – unterschiedlichen Standpunkten, unterschiedlichen Herangehensweisen, unterschiedlichen Interessen.

Die Leugnung, das Ignorieren von Unterschieden ist bereits eine mögliche Reaktion auf Konflikte und damit die erste Stufe einer Konfliktlösung, nämlich die **Flucht**. Die Ruhe, die man in dieser Phase vorfindet, ist häufig eher Friedhofsruhe als Harmonie. Diese Lösung – in Form von Vermeiden, Verdrängen, Leugnen etc.

– ist zwar verhältnismäßig schmerzlos, da es weder Gewinner noch Verlierer gibt, auch scheint es vorerst möglich, Energie zu sparen, doch ist der Konflikt – außer es kommt zu einem Abbruch jeglicher Beziehung (Trennung, Scheidung, Kündigung ...) – nicht endgültig gelöst und kommt – oft in schärferer Form – wieder.

Konflikte, die nicht durch Flucht gelöst werden können – also fast alle – führen zum **Kampf**. Der Kampf hat ein logisches Ergebnis: Eine Konfliktpartei ist Sieger, die zweite Verlierer. Das Risiko, das man eingeht, wenn man sich auf einen Kampf einläßt, ist also hoch. Mit dieser Lösung wird ein Gegner zwar rasch und oft auch dauerhaft besiegt, doch es muß sehr viel Energie eingesetzt und auch weiterhin aufrechterhalten werden, damit sich nach einer Niederlage die Besiegten nicht gleich wieder gegen die Gewinner erheben.

Ein Konflikt, der weder durch Flucht noch durch Kampf gelöst werden kann, zwingt die Beteiligten dazu, alternative Lösungsmöglichkeiten zu suchen. Wenn die Konfliktparteien alleine zu keiner Regelung kommen, so bietet sich die **Delegation** an. Wenn beide Konfliktparteien eine dritte Person oder irgendeine Art von höherer Instanz finden, die sie als Autorität akzeptieren können, können sie die Konfliktlösung an diese Person oder Instanz delegieren.

Ein klassisches Beispiel für Delegation ist unsere Gerichtsbarkeit. Beide Streitparteien unterwerfen sich dem Spruch der Richter. Konfliktlösung per Delegation ist auch in der Geschäftswelt durchaus üblich: kollegiale Zwistigkeiten werden nicht selten durch die Entscheidung eines Vorgesetzten gelöst.

Nicht für alle Konflikte sind geeignete, willige und Vertrauen genießende „Schiedsrichter" vorhanden. Viele Konfliktparteien haben zudem den Anspruch, ohne höhere Instanz zu einer Lösung zu kommen. Sie müssen somit zurück an den Verhandlungstisch und können dort – unter Verzicht auf einen Teil ihrer jeweiligen Forderungen – einen **Kompromiß** aushandeln.

Eine Kompromißlösung kann von hoher Qualität und damit haltbar sein, wenn alle Beteiligten gleichermaßen den Eindruck haben, daß ihr Verlust nicht größer ist als ihr Gewinn und daß alle etwa „gleich gut weggekommen" sind. Die meisten Lösungen, die als Kompromisse verkauft werden, stellen allerdings keinen echten Kompromiß dar, sondern nur Scheinlösungen, „faule" Kompromisse, die Unterwerfung oder Unterordnung tarnen. Einen echten Kompromiß zu schließen stellt an beide Konfliktparteien sehr hohe Anforderungen.

Dennoch bedeutet jeder Kompromiß, einen Teil der eigenen Ziele aufzugeben. Ein besseres – nicht in allen Konflikten erreichbares – Ergebnis ist nur unter Aufwendung von sehr viel Zeit, Energie und Kreativität möglich. Zu einem **Konsens** zu gelangen bedeutet, gemeinsam eine völlig neue Bewältigungsmöglichkeit des Konflikts zu erarbeiten, in der alle Konfliktpartner ihre Ziele verwirklichen können. Einen Konsens zu schließen setzt sehr viel Zeit und die Anwesenheit und Mitarbeit aller Beteiligten voraus. Daher ist diese Form von Konfliktlösung häufig nur eine Illusion oder ein Ideal.

Was hat das nun mit dem Thema Kampfrhetorik zu tun?

Das beschriebene Modell besagt, daß die Reihenfolge der oben genannten Lösungen zwingend ist. Will man also einen Kompromiß schließen, kann man sich weder Flucht noch Kampf noch Delegation ersparen. Wobei nicht jede Phase gleich lang und nicht jede Phase gleich heftig durchlebt werden muß.

Nicht jeder Konflikt mit jeder Person endet mit einem Konsens. Häufig enden Konflikte bereits in den Phasen Flucht oder Kampf.

Flucht ist ein durchaus probates und sinnvolles Mittel, um manche Konflikte zu regeln. Wenn Sie ein Hase sind und Ihr Gegner eine Bulldogge, ist Flucht die einzig vernünftige Entscheidung. Dasselbe Prinzip gilt wahrscheinlich, wenn Ihr Gegner (z. B. Ihre direkte Vorgesetzte und obendrein die Inhaberin der Firma, bei der Sie beschäftigt sind) sehr viel mächtiger ist als Sie selbst. In dem beschriebenen Beispiel wird kein vernünftiger Ratgeber Ihnen empfehlen, sich mit allen Mitteln gegen Ihre Vorgesetzte durchzusetzen.

Ist Ihr Konfliktpartner gerade auf der Flucht, können Sie vermutlich keinen Kampf erzwingen. Aber Sie können die Art wählen, wie Sie den anderen publikumswirksam in die Flucht schlagen oder seine Flucht aufdecken. Ein plakatives Beispiel ist das sonntägliche Frühstücksritual. Der Ehemann versteckt sich hinter der Zeitung und will seine Ruhe. Die Ehefrau will reden und versucht mit allen möglichen Tricks, die Aufmerksamkeit des Gatten zu bekommen. Erfolglos! Kein Wunder! Versetzen Sie sich in die Lage des Gatten: Wenn Sie nicht wollen, hat Ihr Gegenüber keine Chance.

Da es relativ oft vorkommt, daß der andere sich durch Flucht der Auseinandersetzung entzieht, möchten wir hier kurz Methoden vorstellen, wie Sie den anderen publikumswirksam in die Flucht schlagen oder seine Flucht aufdecken.

Methode 1 – „Du Feigling": „Ha, du flüchtest vor mir. Hast du etwa Angst?!"

Methode 2 – Die Vorwurfsfalle: „Warum willst du dich nicht mit mir / mit diesem Thema auseinandersetzen?"

Methode 3 – Penetranz: Weder Mitleid zeigen noch sich abwimmeln lassen.

In allen Fällen sollten Sie jedenfalls Ausweichmanöver bzw. Angriffstaktiken auf Lager haben, wenn der Flüchtende unverhofft doch umschwenkt und sich auf einen Kampf einläßt.

Wissen Sie, daß die andere Partei in einem Konflikt in Kampfesstimmung ist, haben Sie wiederum mehrere Möglichkeiten, einerseits dem Kampf auszuweichen, andererseits auf Kampfansagen einzugehen – je nachdem, wonach Ihnen ist und was Ihnen aussichtsreicher zu sein scheint.

Ausweichmanöver 1: Es gibt gar keinen Konflikt, allenfalls ein Mißverständnis. Also erklären Sie in aller Ruhe nochmals, was Sie meinen oder gemeint haben, so lange, bis der andere Sie versteht ...

Ausweichmanöver 2: Es gibt gar keinen Konflikt; die andere Person hat ein persönliches Problem (zufällig mit Ihnen, aber was soll's): „Ich habe kein Problem mit dir; wenn du eines mit mir hast, bin ich natürlich gerne bereit, mir das anzuhören."

Ausweichmanöver 3: Okay, da ist etwas, aber es ist (für Sie) eigentlich nicht besonders dringend: „Wir können uns natürlich gerne darüber unterhalten, aber nicht gerade jetzt (sobald ich weniger im Streß bin, einen neuen Job habe, mein Studium beendet ist, die Kinder aus dem Haus sind)!"

Ausweichmanöver 4: Ist dieses Problemchen denn wirklich so wichtig, oder macht da jemand eine Mücke zu einem Elefanten? Wirklich, im Vergleich mit echten Problemen der Menschheit ist es doch lächerlich, sich von so etwas überhaupt die Zeit stehlen zu lassen.

Wenn Sie einen Kompromiß schließen wollen und Ihr Kontrahent den Kampf will – welche Konfliktlösung wird sich durchsetzen? So wie zum Kämpfen immer zwei gehören, lassen sich auch Kompromisse nur schließen, wenn alle Beteiligten dazu bereit sind. Und: Seien Sie sich selbst gegenüber ehrlich. Wenn Sie alle Ihre Interessen durchsetzen können, warum sollen Sie sich dann der mühsamen Verhandlung, dem anstrengenden Aushandeln von Kompromissen zuwenden?! Daher, selbst wenn Sie einen kooperativen Umgang mit anderen pflegen wollen, erspart Ihnen das nicht die Kampfansage an Widersacher.

Wenn Sie kooperative Lösungen wollen oder wenn Sie den Kampf lustvoller und mit besseren Chancen bestreiten wollen, dann sind auf dem Weg dorthin auch Mittel der Kampfrhetorik sinnvoll, sofern Sie darauf achten, daß Ihr Widerpart und Sie danach noch an einer gemeinsamen Lösung arbeiten können. Wenn hingegen Ihr Partner einen Kompromiß will, haben Sie die Wahl, wie Sie darauf reagieren wollen. Wollen Sie mit ihm den Handel eingehen oder nicht – und wie teuer verkaufen Sie Ihr Einverständnis?

Abschließend ein wichtiger Tip: Wenn Sie sich auf den Kampf einlassen, ist es sinnvoll, nicht jeden Fehdehandschuh sofort aufzunehmen, sondern zu bestimmen, wo und wann Sie kampfeswillig und kampfbereit sind!

2.3 Macht und Hierarchie

Natürlich sind alle Strategien und Taktiken, die Sie planen und anwenden, abhängig von der Umwelt, in der Sie sich bewegen, von Beziehungsstrukturen, Machtverhältnissen und Hierarchien. Macht ist immer Ergebnis und zugleich Prozeß, Machtverhältnisse sind Ergebnisse eines (Verhandlungs-)Prozesses und zugleich Teil der Beziehung selbst.

Formelle und informelle Macht

Hierarchien sind formelle, an Funktionen und nicht an Personen gebundene Machtstrukturen. Funktionale Macht knüpft sich an das Vorhandensein einer bestimmten

Funktion und dieser Funktion innewohnender Kompetenzen, wozu auch die Möglichkeit der – positiven wie negativen – Sanktionierung gehört, die Möglichkeit, zu belohnen oder zu bestrafen, zu raten, zu versprechen, zu warnen oder zu drohen.

Diese hierarchische Macht und informelle – also aus anderen Quellen als einer Funktionsausübung gespeiste – Macht kann, muß aber nicht gekoppelt sein. Es gibt Personen, die eher über funktionale Macht verfügen, Personen, die ehe über informelle Macht verfügen und Personen, bei denen sich beides miteinander verbindet.

Informelle Macht – Macht, die nicht an die Funktion, sondern an die Person geknüpft ist – hingegen setzt sich aus mehreren Aspekten zusammen, wobei nicht immer alle Aspekte in gleichem Maße vorhanden sind.

Zunächst: Wissen ist Macht! Wer über möglichst viele Informationen verfügt, zahlreiche Kenntnisse erworben hat, umfangreiches Wissen hortet, ist einflußreicher als Personen, die weniger Wissen, geringere Informationen und Kenntnisse haben. Auch Wissensmonopole machen mächtig: Wenn Sie ganz bestimmtes – für andere notwendiges – Wissen besitzen, wenn Sie spezielle Kenntnisse oder Informationen haben, über die andere nicht verfügen, haben Sie auch mehr Gewicht. Es gibt zahlreiche Fälle, wo Systemadministratoren in EDV-Abteilungen die Linie vorgeben, oder Firmen, in denen fast der gesamte Betrieb stillsteht, wenn die Sekretärin krank ist.

Übung

Überlegen Sie sich anhand einer bestimmten Person, über welche Informationen Sie bereits verfügen. Was haben Sie an Faktenwissen, an überprüfbaren „harten" Informationen? Was wissen Sie über ihre berufliche Position, ihren Werdegang, ihren familiären Hintergrund? Welche weiteren – oft nur scheinbar weniger wichtigen – Informationen haben Sie – über Vorlieben, Abneigungen, Gewohnheiten, Hobbys etc.?

Wenn Sie alle Informationen aufgelistet haben, überlegen Sie als zweiten Schritt, welche zusätzlichen Informationen Sie noch beschaffen können, welche offiziellen (Grundbuch, Firmenbuch etc.) und andere Informationsquellen Sie noch anzapfen können.

Und als dritten und letzten Schritt laden wir Sie ein, sich zu überlegen, wie Sie diese Informationen für sich nutzbar machen können – soweit Sie das wollen.

Macht kommt von machen. Wenn Sie zu schüchtern oder zurückhaltend sind, um einen bestimmten Vorschlag zu machen oder einen bestimmten Vorstoß zu unternehmen, dann wird dieser Vorschlag nicht gemacht bzw. wahrscheinlich nicht zu einem Zeitpunkt, der für Sie der günstigste ist. Selbst wenn also ein anderer Ihnen die Arbeit netterweise abnimmt, so kommt der Vorschlag eben nicht von Ihnen – und damit sind auch Ihre Einflußmöglichkeiten geringer.

Sie haben also einerseits die Macht, die Sie sich nehmen – andererseits aber haben Sie nur soviel Macht, wie Ihnen von anderen zugestanden wird. Wenn Sie also bei vielen Kolleginnen und Kollegen ein hohes Maß an Sympathie und Vertrauen genießen, so erweitert auch das Ihre Einflußmöglichkeiten: Andere hören auf Sie, fragen Sie vielleicht sogar um Rat und stehen im Falle einer Auseinandersetzung eher auf Ihrer Seite – Sie sind wichtig!

Hierarchie

Was können Sie tun, wenn Sie mit formeller Macht konfrontiert sind, wenn Ihr Vorgesetzter der Widerpart ist? Ihnen zu raten, die Unterschiedlichkeit der Einflußmöglichkeiten zu ignorieren, wäre unseriös. Ihr Chef kann Sie entlassen, Sie ihn nicht! Das heißt aber nicht, daß die einzige Aktionsmöglichkeit darin besteht, sich freiwillig zu unterwerfen; es heißt, sich immer der möglichen Konsequenzen bewußt zu sein. Gerade Autoritäten flößen häufig unbewußte Ängste ein. Kinder fürchten sich vorm „bösen Mann", vorm Krampus, der einmal im Jahr kommt, um die bösen Kinder zu bestrafen. Diese alten, tief verwurzelten Ängste werden häufig von Autoritäten wachgerufen. Daher ist es hilfreich, diese diffusen Ängste auf die bewußte Ebene zu holen, um besser damit umgehen zu können.

Übung

Entwerfen Sie ein Worst-Case-Szenario. Was ist das Schlimmste, das Ihnen passieren kann, der Super-GAU, wenn Sie sich zur Aktion entscheiden? Ist das Schlimmste wirklich so schlimm, daß Sie sich danach nicht mehr im Spiegel ansehen können? Ist es das, wovor Sie am meisten Angst haben, oder ist es doch etwas ganz anderes?

Häufig hilft das Aussprechen der schlimmsten Ängste, zu erkennen, daß diese Ängste zwar nicht grundlos sind. Aber die möglichen Konsequenzen sind durchaus bewältigbar.

Nachdem Sie sich mit Ihren möglichen Ängsten auseinandergesetzt haben, ist der nächste Schritt, zu überlegen, wie Sie sich in der Kampfsituation verhalten wollen. Wollen Sie versuchen, den Chef zu manipulieren, oder versuchen Sie, Ihr Anliegen auf jeden Fall durchzusetzen?

Im zweiten Fall empfiehlt sich folgende Taktik: Bleiben Sie sachlich. Lassen Sie sich durch nichts von Ihrem Anliegen abbringen. Sie haben dann verloren, wenn Sie sich von der Autorität in emotionale Tiefen herabziehen lassen. Auch Trotz à la „Nein, das tue ich nicht" oder „Das ist ungerecht! Meine Kollegin darf das, ich aber nicht!", Ärger und Widerspruch sind emotionale Tiefen, die Ihnen den Blick auf Ihr rationales Ziel verstellen. Passen Sie auf, wenn Ihr Chef versucht, Sie herabzusetzen. Weisen Sie diese Unterstellung, diesen Versuch, Sie klein zu machen, von sich, aber kehren Sie danach auf die Sachebene zurück.

„Gehen Sie, Frau Maier, bringen Sie mir doch ein Wurstbrötchen!" – „Gerne, Herr Huber. In 15 Minuten gehe ich mir meinen Snack holen, da bringe ich Ihnen gerne was mit." Damit stößt die Sekretärin Ihren Chef nicht vor den Kopf, weist ihn aber in seine Grenzen – nämlich: Sie läßt sich nicht zur Wurstbrötchen-Bringerin degradieren, aber sie bringt Ihrem Chef kollegial etwas mit.

Wer am längsten auf der Sachebene bleibt, hat gewonnen. Konsequenz setzt sich durch!

Oben und Unten

In der Kampfrhetorik – und nicht nur dort - geht es in vielen Fällen um Macht, um die Herstellung oder Umkehrung eines Oben-Unten-Verhältnisses.

Es gibt unterschiedliche Varianten dieses hierarchischen Verhältnisses, wohlbekannte, wie LehrerIn–SchülerIn, Eltern–Kind, Vorgesetzte–Untergebene. Oder auch andere, ein wenig subtilere, die intellektuelle, fachliche, moralische oder andere Arten von Überlegenheit signalisieren sollen.

Zunächst gibt es zwei prinzipiell unterschiedliche Möglichkeiten, ein Verhältnis von Überlegenheit einerseits und Unterlegenheit andererseits herzustellen: Zum einen können Sie sich selbst aufwerten, indem Sie Überlegenheit signalisieren, indem Sie auf Ihre Erfahrung, Bildung (Titel!), Kompetenz und Erfolge („Alle sagen, ohne mich hätte es nicht geklappt!") pochen. Sie können auch eine besonders komplizierte Sprache wählen und Ihre Redebeiträge mit Zitaten, Statistiken und Fremdwörtern würzen.

Zum anderen können Sie Ihren Gesprächspartner abwerten, indem Sie Ihren Gesprächspartner kleiner machen, indem Sie der Gegenseite Einseitigkeit, Unfähigkeit, Unsachlichkeit, Emotionalität, Verantwortungslosigkeit, Mangel an Erfahrung u. a. unterstellen oder Beratung, Hilfe, Erklärungen, Belehrungen anbieten. Sie können Ihr Verständnis, Mitgefühl oder gar Mitleid ausdrücken und so die Unterlegenheit des Gegners klar zum Ausdruck bringen.

Das Ergebnis bleibt letztendlich – so Ihnen der Coup gelingt – in beiden Fällen gleich, da Ihr Überlegensein und das Unterlegensein Ihres Gegenübers Hand in Hand gehen; dennoch können Sie damit unterschiedliche Facetten ins Spiel bringen.

Schon simple Methoden wie das Bewahren einer unerschütterlichen Ruhe (und sei es nur nach außen, denn das ist das, was ankommt und somit zählt) in allen Situationen sind recht gut geeignet, die eigene Selbstsicherheit und damit Überlegenheit zu verkörpern. Auch sich immer genügend Raum und Zeit zu nehmen, also oft das Wort zu ergreifen, lange und in gemächlichem Sprechtempo zu reden, ist wirksam. Als zusätzliche Würze kann eine aufreizend selbstbewußte und raumgreifende Körperhaltung (*siehe Kapitel Körpersprache*) einiges dazu beitragen, Gesprächspartner zu verunsichern.

Nicht wahrgenommen zu werden kann als starke Abwertung und als böse Kränkung erlebt werden. Wenn eine Person in einem Gespräch nicht ausreichend beachtet wird, wenn auf ihre Redebeiträge nicht eingegangen wird, wenn Argumente und Einwände nicht zur Kenntnis genommen werden, so fühlt sie sich übergangen und herabgesetzt. Wenn Sie dieses Verhalten längere Zeit durchhalten, etablieren Sie ein Oben-Unten-Verhältnis, das sehr schwer zu durchbrechen ist.

2.4 Die Wahl der Rolle

Stellen Sie sich vor, Sie treffen jemanden, um etwas mit ihm oder ihr zu besprechen. Wenn Sie die Person schon kennen, dann gehen Sie mit bestimmten Erwartungen in dieses Gespräch, die sich auf Erfahrungen gründen, die Sie in vergangenen Treffen gemacht haben. Sie haben bestimmte Bilder und Vorstellungen, wie sich diese Person kleidet, spricht, verhält. Aber auch wenn Sie eine Person das erste Mal treffen, hegen Sie bereits Erwartungen, noch bevor Sie ihn oder sie auch nur einmal gesehen haben.

Wenn Sie einen ersten Termin mit einer Steuerberaterin, mit einem Fitneßtrainer oder einem Maurer vereinbart haben, entwickeln Sie Vorstellungen darüber, welche Art von Kleidung zu dieser beruflichen Rolle paßt, in welcher Umgebung Sie empfangen werden, welche Art von Verhalten Ihnen entgegengebracht wird.

Sie wären wahrscheinlich überrascht, wenn Ihre neue Steuerberaterin Ihnen im Jogginganzug öffnen würde, wenn Sie von indischen Klängen und Räucherstäbchen empfangen würden, wenn sie Ihnen umgehend das Du anbieten oder Ihnen während der Klärung Ihrer steuerlichen Angelegenheiten vor allem Wärme und Verständnis signalisieren würde. Was Sie wahrscheinlich erwarten, ist eine Frau im seriösen Business-Outfit, die Kompetenz signalisiert, klar, strukturiert und eher distanziert ist.

Ob bewußt oder unbewußt, wir alle verbinden mit Menschen, ob wir Sie kennen oder nicht, bestimmte Bilder und Assoziationen. Diese Rollen können vorbestimmt sein durch ein bestimmtes markantes Detail an unserem Aussehen (Cyrano de Bergerac glaubt, aufgrund seiner Nase für seine angebetete Roxanne als romantischer Held nicht in Frage zu kommen), an unserer Biographie (Prinz Charles ist – ob er will oder nicht – sein Leben lang mit der Rolle des zukünftigen Königs von England belastet), durch unseren beruflichen Hintergrund (von Komikern und Kabarettistinnen wird häufig auch in ihrem Privatleben erwartet, daß sie immer einen Scherz auf den Lippen haben), durch unser Verhalten (ein schüchterner Verkäufer wird nicht sehr erfolgreich sein) oder durch unser Geschlecht (ein weiblicher Papst, eine männliche Hebamme sind für viele nicht vorstellbar).

Und ebenso, wie Sie selbst andere ständig – bewußt und unbewußt – beurteilen, werden auch Sie von den Menschen, mit denen Sie einmal oder wiederholt zusammentreffen, beurteilt. Es ist also im Zusammenhang mit Kampfrhetorik sehr wesentlich, sich vor einer Konfrontation – aber auch in vielen anderen Situationen – zu überlegen, wie Sie in dieser speziellen Situation auf diese spezielle Person wirken wollen. Welches Image, welche Rolle möchten Sie bekommen?

Rollen können sich im Lauf unseres Lebens oder je nach dem Umfeld, in dem wir uns bewegen, verändern; es gibt aber auch Rollen, die uns wiederholt zugeschrieben werden bzw. die wir immer wieder übernehmen.

Sie können das selbst überprüfen, indem Sie sich bewußtmachen, welche Bilder Sie mit Menschen verbinden, die Sie gut kennen, aber auch mit Leuten, mit denen Sie kaum mehr als ein paar Worte wechseln, wie etwa einer Wurstverkäuferin oder einem Zeitungskolporteur.

Übung

Stellen Sie sich vor, Sie würden sich selbst auf der Straße, im Kino oder an Ihrem Arbeitsplatz begegnen und ein paar belanglose Worte wechseln. Welchen Eindruck würden Sie gewinnen?

Wodurch käme dieser erste Eindruck zustande? Durch Ihr Aussehen? Durch Ihre Kleidung? Ihr Verhalten? Ihre Stimme, Ihre Ausstrahlung … ?

Sind Sie mit diesem Eindruck zufrieden? Könnten Sie etwas an den Dingen, mit denen Sie nicht zufrieden sind, verändern?

Übung

Stellen Sie sich vor, ein Vorgesetzter (Ihr Partner bzw. Ihre Partnerin, eine gute Bekannte) würde Ihnen auf der Straße, im Kino oder an Ihrem Arbeitsplatz begegnen und ein paar belanglose Worte mit Ihnen wechseln. Welchen Eindruck würden diese Personen gewinnen?

Wodurch käme dieser erste Eindruck zustande? Durch Ihr Aussehen? Durch Ihre Kleidung? Ihr Verhalten? Ihre Stimme, Ihre Ausstrahlung ... ?

Sind Sie mit diesem Eindruck zufrieden? Könnten Sie etwas an den Dingen, mit denen Sie nicht zufrieden sind, verändern?

Überprüfen Sie Ihre Annahmen, indem Sie sich von anderen aktiv Rückmeldungen über Ihre Wirkung holen!

Ein wesentlicher Faktor bei dieser Zuschreibung von Image und Rolle(n) ist die Macht des ersten Eindrucks. Je nachdem, wie Sie wirken wollen, was Sie erreichen wollen, werden Sie vielleicht schon beim ersten Auftritt versuchen, einen bestimmten Eindruck zu erwecken – seriös oder leger, besorgt oder optimistisch, zugänglich oder unnahbar.

Es gibt einige Mittel, die Sie dazu einsetzen können.

Kleidung, Outfit, Accessoires

Wollen Sie einen konservativen oder einen progressiven, einen seriösen oder einen legeren Eindruck machen? Wollen Sie Tüchtigkeit, Kreativität oder Kontinuität ausstrahlen? Wollen Sie sportliche Lässigkeit, diskrete Eleganz oder Extravaganz verkörpern? Paßt das, was Sie damit signalisieren, zu Ihren Zielen? Entsprechen Sie damit den Erwartungen Ihrer Gesprächspartner? Wollen Sie diese Erwartungen erfüllen?

Körpersprache, Gestik, Mimik

Wollen Sie offen und einladend oder reserviert und zurückhaltend auftreten? Möchten Sie als lebhaft und temperamentvoll oder als kühl und sachlich gesehen werden?

Zeitpunkt und Art Ihres Auftritts

Kommen Sie auf die Minute pünktlich, um etwa auf Ihre Verläßlichkeit hinzuweisen? Erwarten Sie Ihre Gesprächspartner bereits am vereinbarten Ort – um den Raum für sich bereits vorher einzunehmen oder um entgegenkommend zu wirken? Kommen Sie später als verabredet, um zu zeigen, daß Sie überaus beschäftigt sind oder einfach jemand, auf den zu warten es sich lohnt, eine einflußreiche Person? Wie treten Sie auf? Erklären oder entschuldigen Sie eine etwaige Verspätung?

Die Begrüßung und Ihre ersten Worte

Begrüßen Sie die anwesende(n) Person(en)? Lassen Sie sich viel Zeit für eine persönliche Begrüßung oder grüßen Sie nur knapp, um dann gleich zur Sache zu kommen?

Sie können dabei einerseits versuchen, Ihre Rolle zu unterstreichen, Sie können diese aber auch konterkarieren und damit Überraschungseffekte auf der Gegenseite erzielen. Wenn Sie sich Ihrer Rolle sicher sind, können Sie es sich auch erlauben, mit Klischees zu spielen.

Eine unserer Bekannten, eine sehr attraktive junge Frau, macht sich das Image der „Blondine" zunutze, indem sie auch in ihrer Aufmachung das Klischee noch unterstreicht, dann aber kompetent, sachlich und vor allem knallhart verhandelt und damit alle Phantasien, die sie zunächst durch ihr Äußeres wachgerufen hat, ad absurdum führt.

Sie können auch Ihren Gegnern bewußt Rollen zuschreiben, Rollen, die den Spielraum des Gegenübers einschränken und es Ihnen ermöglichen zu glänzen. Aschenputtel war von Natur aus nicht häßlich und uninteressant; ihre böse Stiefmutter (welch ein Klischee, welch eine Rolle!) und die Stiefschwestern wiesen ihr den Platz am Herd zu.

Sie können z.B. immer wieder auf die Kinder Ihrer Gegnerin hinweisen, erzählen, wieviel Arbeit und Mühe es kostet, Kinder alleine, ohne Partner großzuziehen und welche Leistung dahintersteckt. Die Mama-Rolle wird Ihre Gegnerin nicht so leicht wieder los. Was sicher nicht förderlich ist, wenn sie sich um die Stelle der Abteilungsleiterin bewirbt oder ihre Sexualität ausspielen will.

Dabei ist zu beachten: Egal für welche Rolle Sie sich selbst bewußt entscheiden, jede hat Vor- und Nachteile. Einem „Helfer" traut man wahrscheinlich nicht sehr viel Durchsetzungsfähigkeit zu, dafür wird die „Managerin" als Altenpflegerin fehl am Platze wirken. Die Frage, welche Eigenschaften als positiv, welche als negativ bewertet werden, hängt stark von den Normen des Umfelds ab.

Wurde Ihnen einmal eine bestimmte Rolle zugeschrieben, kostet es sehr viel Arbeit, Zeit und Energie, sich von dieser Zuschreibung zu lösen. Ein für seine Melodramen bekannter Drehbuchautor wird Schwierigkeiten haben, eine Komödie zu verkaufen. Daher ist die Auswahl der Rolle von großer und vor allem langfristiger Bedeutung!

2.5 Stärken stärken, Schwächen nutzen

Um erfolgreich in Kämpfen zu bestehen ist es sinnvoll, sich mit den eigenen Stärken und Schwächen auseinanderzusetzen. Die Auseinandersetzung damit ist notwendig, um die geeignetsten „Kampfmittel", Taktiken und Strategien auszuwählen. Es hat keinen Sinn, technisch-rational zu agieren, wenn Ihre Stärken vor allem darin liegen, Ihr Gegenüber zu begeistern und mitzureißen. Vielleicht aber sind Ihnen Ihre Stärken gar nicht alle bewußt. Daher ist die Überprüfung der eigenen Annahmen sinnvoll.

Übung

Nehmen Sie sich ein paar Minuten Zeit. Teilen Sie ein Blatt Papier in zwei Hälften und notieren Sie auf einer Seite Eigenschaften, die Sie für Ihre Schwächen, auf der anderen Seite jene, die Sie für Ihre Stärken halten. Achten Sie darauf, daß auf jeder der beiden Hälften gleich viele Eigenschaften stehen.

Den meisten Menschen fällt es erstaunlicherweise viel leichter, eine große Anzahl von Schwächen an sich selber zu orten; sie haben oft erheblich mehr Mühe, ihre Stärken – noch dazu schwarz auf weiß – festzuhalten.

Tip: Eigenlob stinkt nicht! Es verrät nur, daß Sie selbstbewußt genug sind, Ihre Stärken nicht zu verstecken!

Übung

Versetzen Sie sich in Ihre Partnerin, einen guten Bekannten, eine Arbeitskollegin oder einen Vorgesetzten/Auftraggeber. Wie würden diese Personen Sie einschätzen; welche Stärken und welche Schwächen würden sie Ihnen zuordnen?

Versetzen Sie sich in eine Person, von der Sie annehmen können oder wissen, daß sie Sie nicht mag oder Ihnen jedenfalls nicht allzu wohlgesonnen ist.

Sie können auch Personen Ihres Vertrauens bitten, Ihnen möglichst ehrlich zu sagen, wo diese Ihre Stärken und Schwächen sehen.

Notieren Sie sich diese Annahmen und vergleichen Sie sie mit dem Bild, das Sie selbst von sich haben. Worin gleichen sich diese Einschätzungen? Wo liegen wesentliche Unterschiede?

Spannend bei einem Vergleich von Fremdbildern und Selbstbildern sind die Unterschiede, die zwischen verschiedenen Bildern entstehen. Werden Sie von verschiedenen Menschen ähnlich erlebt oder werden Sie je nach der Art der Beziehung, die Sie haben, sehr unterschiedlich eingeschätzt? Klaffen zwischen dem, wie Sie sich sehen, und dem, wie andere Sie beurteilen, große Unterschiede? Neigen Sie dazu, sich selbst eher positiver oder eher negativer einzuschätzen, als andere dies tun? Gibt es an Ihnen Eigenschaften, die andere als Stärken erleben, die Sie selbst aber als Schwächen sehen, oder umgekehrt?

Sich der eigenen Stärken bewußt zu sein ermöglicht es, diese präziser einzusetzen und auch weiter auszubauen. Die meisten Menschen „kleben" förmlich an ihren Schwächen und verwenden viel zuviel Energie darauf, vermeintliche oder reale Defizite auszugleichen, statt ihre Stärken zu pflegen und auszuspielen.

Es macht viel mehr Sinn – und viel mehr Spaß – abzuwägen, welche Stärken Sie haben, die Sie von Ihren Konkurrenten unterscheiden, und wie Sie diese am besten ins Spiel bringen.

46

Sind Sie reaktionsschneller? Wunderbar – setzen Sie Ihr Gegenüber unter Zeitdruck, spielen Sie mit Überraschungseffekten, lassen Sie einfach die anderen „alt" aussehen!

Haben Sie mehr Erfahrung? Bringen Sie diese Erfahrung ins Spiel, betonen Sie sie, wann immer es paßt. Bieten Sie Rat und Hilfe an – auch und gerade gegenüber etwaigen Gegnern!

Sind Sie beliebt? Beziehen Sie möglichst oft andere mit ein! Lassen Sie sich – am besten in Anwesenheit Ihres Gegners – bestätigen, wie gefragt und geschätzt Sie sind!

Übung

Kehren Sie noch einmal zu jenen Eigenschaften zurück, die Sie auf der Seite der Schwächen notiert haben! Überlegen Sie sich nun für jede einzelne dieser Eigenschaften, ob Sie sie nicht auf irgendeine Art auch zu Ihrem Vorteil nutzen können!

Jedes Ding hat – mindestens – zwei Seiten: Ob Sie sich z.B. selbst als dickköpfig oder als beharrlich bezeichnen, ist nur eine Frage der Betrachtung. Oder – mit Kater Garfield gesprochen: „These aren't faults, these are character traits." – „Das sind keine Fehler, das sind Charakterzüge."

Natürlich macht es überdies Sinn, sich gerade vor Kampfsituationen über Schwachpunkte Gedanken zu machen (siehe Kapitel: *Die Basis – das emotionale Gleichgewicht –* Seite 22). Ein unvermuteter Schlag trifft in der Regel härter als eine Brüskierung, gegen die Sie sich vorher schon gewappnet haben. Ja, mehr noch, Sie können mögliche Strategien Ihrer Gegner unterlaufen, indem Sie sich auch mit Ihren Schwächen selbstbewußt präsentieren.

***Tip:* Mit Ihrer Achillesferse können Sie auf zwei Arten umgehen: indem Sie sie – so gekonnt wie nur möglich – verstecken, oder indem Sie sie offen zeigen.**

Barbra Streisand ist in den Anfängen ihrer Karriere als Sängerin und Schauspielerin mehrmals geraten worden, doch ihre – für Hollywood-Standards viel zu große – Nase operieren zu lassen. Das hat sie damals standhaft verweigert – heute ist ihre Nase ein Teil dessen, was ihre Einzigartigkeit ausmacht. Mehr noch: In den meisten ihrer frühen Filme hat sie mit ihrem „Manko", nicht dem klassischen Schönheitsideal zu entsprechen, durchaus selbstironisch gespielt.

Auch Roseanne hat in ihren Filmen und TV-Serien nie einen Hehl aus ihrer Fülle gemacht, sondern hat sich selbstbewußt zu ihren Formen – aber auch zu ihren zahlreichen Abnehmversuchen – bekannt, und wurde gerade dadurch unverwechselbar. Auf irgendwelche Anspielungen ihr Gewicht betreffend würde sie wohl locker aus der Hüfte kontern und den Angreifer dabei sehr „alt" aussehen lassen.

Wenn Sie selbst mit Ihren Schwächen offen und locker umgehen, nehmen Sie Angriffen, die auf diese Schwachpunkte zielen, den Wind aus den Segeln. Und beweisen obendrein Souveränität.

2.6 Der Schlachtplan

Eine Teilnehmerin, hochangesehene und hochqualifizierte Controllerin und Fachfrau, arbeitete zufrieden in der Controllingabteilung einer Bank. Bei der Fusionierung zweier Banken wurden auch die Controllingabteilungen beider Banken zusammengelegt. Dadurch bekam Frau Dr. Schmid einen neuen Kollegen. Dieser Kollege bearbeitete fast denselben Aufgabenbereich, den auch Frau Dr. Schmid betreute. Zuerst bemerkte sie nichts, bis ihr Gerüchte zugetragen wurden. Gerüchte über ihr Privatleben, ihre sexuellen Vorlieben und vor allem über die Fehler, die sie angeblich bei der Arbeit verursacht hätte. Als der Kollege dann auch noch anfing, ihre Arbeitserfolge als die seinen zu verkaufen, fühlte sie sich diesem Mobbing hilflos ausgeliefert. „Das ist es doch gar nicht mehr wert, ich werde kündigen!"

Mit Unterstützung einiger Freunde begann sie dann, sich mit anderen Kolleginnen (vor allem aus ihrer alten Bank) auszutauschen. Dabei erfuhr Frau Dr. Schmid, daß ihr Kollege auch anderen zu nahe trat. Er sei ein richtiger Intrigant.

Die anderen Kolleginnen überredeten Frau Dr. Schmid, nicht kampflos aufzugeben, sondern die Herausforderung anzunehmen.

Der erste Schritt bestand in der Anfertigung von Gedächtnisprotokollen. Jede der beteiligten Frauen fertigten nach jedem Übergriff, nach jeder Falschmeldung Gedächtnisprotokolle an, die sie auch untereinander austauschten.

Beim zweiten Schritt begannen die „Verschwörerinnen", die sexuellen Anspielungen und die unwahren Behauptungen des Kollegen vor Publikum mit Fragen wie: „Warum sagen Sie das jetzt?" oder: „Was wollen Sie durch diese Meldung bewirken?" zu erwidern. Sie wiesen damit die Übergriffe von sich, ohne sich auf eine Schlammschlacht einzulassen. Mit dem Ergebnis, daß der Kollege immer aggressiver und überheblicher wurde. So überheblich, daß es auch den anderen Kolleginnen und Kollegen im Büro auffiel.

Jetzt erst informierten sie den gemeinsamen Vorgesetzten über die Vorfälle, mit der Bitte, sich des Problems anzunehmen. Den Vorgesetzten aufzufordern, den Kollegen zu kündigen oder zu bestrafen, unterließen sie. Der Vorgesetzte lud daraufhin zu einem gemeinsamen Termin ein. Bei der Schilderung der Vorfälle überreichte Frau Dr. Schmid auch die gesammelten Gedächtnisprotokolle. Der Kollege, der offensichtlich zunehmend in Bedrängnis geriet, reagierte, indem er Dr. Schmid vor den Augen des Vorgesetzten unflätig zu beschimpfen begann. (Mit dieser Reaktion hatte Dr. Schmid nicht zu rechnen gewagt.)

Diesen Ausbruch konnte der Vorgesetzte nicht mehr hinnehmen. Denn mit seinen Schimpftiraden setzte er nicht nur seine Kollegin herab, sondern er stellte mit seinem Verhalten auch die Autorität des Vorgesetzten in Frage. Nach einer Woche Bedenkzeit und Information des Betriebsrats wurde der Kollege gekündigt.

Dieses Beispiel beinhaltet die Schritte, die notwendig sind, um einen Schlachtplan erfolgreich zu entwickeln und durchzuführen. Phase eins kennzeichnet das Bewußtwerden des Problems. Die ersten verletzenden Gerüchte drangen an Dr. Schmids Ohren. Dr. Schmid rang mit sich, ob sie sich diesem Konflikt überhaupt stellen sollte. Mit der emotionalen Unterstützung von Freunden und Freundinnen und erst nach der Entscheidung, sich einem Kampf zu stellen, fing sie an, Kolleginnen aus ihrem Umfeld mit einzubeziehen. Sie begann ihre Ressourcen zu nutzen, indem sie Freundinnen von dem Mobbing erzählte und sich von Kolleginnen Hilfe holte.

Dabei ist zu beachten: Sich emotionale Unterstützung zu holen klingt einfacher, als es häufig in der Realität ist. Freunde, Eltern, Bekannte haben die fatale Neigung, das Anbieten von Unterstützung mit dem Aufdrängen von guten Ratschlägen zu verwechseln. Wie oft schon wollten Sie nur etwas Ärgerliches erzählen und haben dann zu hören bekommen, Sie hätten sich so oder so verhalten sollen.

Dr. Schmid „sicherte ihr Hinterland", und gemeinsam wurde die Strategie gegen den Kollegen festgelegt. Der Austausch der Gedächtnisprotokolle schweißte die Kolleginnen zusammen und erleichterte den emotionalen Druck. Die Übergriffe des Kollegen waren dadurch viel leichter zu ertragen. Die heftiger werdenden Angriffe bestärkten die Kolleginnen darin, auch den zweiten Schritt zu wagen und den Vorgesetzten zu informieren.

Frau Dr. Schmid und ihre Kolleginnen nutzten ihre Möglichkeiten optimal. Sie bereiteten sich auf das Gespräch mit dem Chef gut vor. Sie entschlossen sich, ruhig zu bleiben, sachliche Beweise zu liefern, Zeugen zu sammeln, sich gegenseitig zu informieren und zusammenzuarbeiten.

Die folgenden Ereignisse lagen außerhalb der Einflußmöglichkeiten von Frau Dr. Schmid. Die Entscheidung, was mit dem Kollegen weiter geschehen sollte, mußte der Vorgesetzte treffen. Was er auch tat.

Die Entwicklung einer Strategie

Wie im Kapitel *Situationsanalyse* (Seite 27) angeführt, ist der erste wichtige Schritt die Analyse der Situation. Wenn Sie sich über Ihre eigene Rolle, Ihre Gegner und Verbündeten, die Rahmenbedingungen und Mechanismen etc. im klaren sind, können Sie zur Planung Ihrer Schritte übergehen.

Verbündete

Wen können Sie auf Ihre Seite ziehen? Wer schuldet Ihnen einen Gefallen? Wer ist in der Lage und willens, Sie aktiv zu unterstützen? Was kostet Sie die Unterstützung? Wo sind die Schwachstellen Ihrer Verbündeten, und wer außer Ihnen kennt sie? Wie verbergen Sie, wer auf Ihrer Seite steht? Wann und wodurch sollen sich Ihre Verbündeten deklarieren?

Gegner

Wen können Sie womöglich doch auf Ihre Seite ziehen oder zumindest dazu bringen, stillzuhalten? Wo sind die Schwachstellen Ihres Gegenübers, bzw. wie können Sie sie in Erfahrung bringen? Womit wird die Gegenseite Sie angreifen? Haben Sie mit einer eher defensiven oder einer eher offensiven Haltung Ihres Gegenübers zu rechnen?

An- und abwesende Dritte

Durch welches Verhalten können Sie Sympathien gewinnen? Wem können Sie auf welchem Weg welche Informationen zuspielen? Wem können Sie etwas anbieten?

Publikum

Durch welches Verhalten können Sie Sympathien gewinnen? Welche Informationen, welche Argumente sind für dieses Publikum am wirkungsvollsten? Wie und wo plazieren Sie Verbündete unter den Zuschauern?

Normen/Werte des Umfelds

Wie und wodurch können Sie in diesem Umfeld Einfluß gewinnen? Welche Normen und Werte können Sie für sich nützen, welche behindern Sie? Welche Argumente spielen in diesem System eine große oder aber keine Rolle?

Rollenklärung

Sind Sie mit Ihrer Rolle zufrieden? Was können und wollen Sie verändern, und was kostet Sie das? Paßt Ihr Part zu Ihrem Ziel? Können Sie das Aus-der-Rolle-Fallen strategisch nutzen?

Ressourcen (Geräte, Material, Geld etc.)

Was bringt es, wenn Sie alle Möglichkeiten ausnutzen? Welche Ressourcen haben den größten Effekt? Auf den Einsatz welcher Mittel können Sie nicht verzichten (ein handgeschriebener und kopierter Zettel ist heute einfach nicht mehr zeitgemäß)? Was können Sie sich ersparen (Kosten-Nutzen-Rechnung)?

Räumlichkeiten

Haben Sie Einfluß auf die Auswahl der Örtlichkeiten? Welche Inszenierung begünstigt dieser Raum? Welche Inszenierung be- oder verhindert dieser Raum?

Sitzordnung

Gerade wenn mehrere Personen an einem Gespräch teilnehmen, kann die Sitzordnung den Verlauf einer Auseinandersetzung maßgeblich beeinflussen.

Wenn sich zwei Personen gegenübersitzen, verschärft dies die Situation und bewirkt heftige Auseinandersetzungen. „Auge in Auge" zu sitzen ermöglicht es andererseits, das Gegenüber genauer zu beobachten.

Wenn zwei oder mehr Personen seitlich oder schräg zueinander sitzen, werden emotionale Mechanismen entschärft. Diese Sitzordnung erleichtert kooperatives Verhalten, aber auch Manipulation.

Ein „Block" aus mehreren Personen demonstriert einerseits Zusammenhalt und Stärke, löst aber andererseits hohen Widerstand und Ängste bei der Gegenseite und auch bei einem etwaig vorhandenen Publikum aus. Innerhalb des „Blocks" erleichtert diese Sitzordnung den Austausch von verbalen Botschaften (Flüstern, Zettel etc.), ohne daß dieser von anderen bemerkt wird.

Wenn Bündnispartner über den Raum verteilt plaziert sind, ermöglicht der Blickkontakt den Austausch von nonverbalen Signalen und dadurch ein „diskreteres" Zusammenspiel. Eine Zusammenarbeit von mehreren über den Raum verteilten Personen ist jedoch schwieriger aufrechtzuerhalten.

Wenn Sie die Möglichkeit haben, Ihren Sitzplatz frei zu wählen, sollten Sie die folgenden strategisch günstigen Aspekte berücksichtigen:

Günstige Sitzplätze

▶ Sie können alle anderen gut sehen und hören und werden auch von allen gesehen und gehört.

▶ Die Position neben einer mächtigen Person kann Ihnen ermöglichen, einen Abglanz des Ruhms zu bekommen, und bietet Ihnen zudem Schutz und Sicherheit.

▶ Die Position gegenüber einer mächtigen Person läßt Sie ebenfalls mächtiger erscheinen, und Sie sind im Blickfeld der mächtigen Person und werden von ihr wahrgenommen.

▶ Die Position gegenüber oder neben Verbündeten gibt Sicherheit, stärkt Ihnen den Rücken.

Strategisch ungünstige Sitzpositionen sind unter anderem folgende:

▶ Eine Tür oder eine andere Person im Rücken irritiert und weckt das Gefühl, jemand könnte Sie von hinten angreifen.

▶ Haben Sie grelles (Sonnen-)Licht im Rücken, werden Sie nicht ausreichend gut gesehen, scheint das Licht hingegen direkt in Ihr Gesicht, werden Sie geblendet.

▶ Flip-Charts, Tafeln, Monitore oder auch Telefone im Rücken veranlassen Sie ständig dazu, sich umzudrehen, um alles mitzubekommen.

Zeit

Wann setzen Sie welche Mittel ein (Timing, Aufmerksamkeitskurve, Überraschungseffekte)? Arbeitet die Zeit für oder gegen Sie? Wie können Sie gegebenenfalls Zeit gewinnen?

Informationen

Welche Informationen brauchen Sie? Wie und von wem können Sie welche Informationen beschaffen? Wie können Sie welche Informationen nutzen?

So hat die Information, Richard Chamberlain sei ein starker Raucher, Adolf Hitler dazu veranlaßt, in seinen Verhandlungen mit dem englischen Außenminister ein striktes Rauchverbot zu verhängen. Dies setzte Chamberlain so unter Druck, daß Hitler aus den Verhandlungen als Gewinner hervorging.

Bei der Planung steht die Frage nach Ihren Zielen und Ihrem Handlungsspielraum im Mittelpunkt. Dabei wird es notwendig sein, Ihre Vorgehensweise in kleinere Teilschritte zu zerlegen. Das ermöglicht Ihnen auch, nach jedem Schritt die Sinnhaftigkeit und den Erfolg der Aktionen zu überprüfen und weitere Handlungen danach auszurichten. Sie sehen so, welche Ihrer Aktionen welche Gegenreaktionen auslösen und wie Ihr Gegenüber und Ihr Umfeld reagieren.

Flexibilität

Die Planung einer geeigneten Strategie ist ein wichtiger Schritt auf dem Weg zu Erfolg in Auseinandersetzungen. Doch jede noch so ausgeklügelte Strategie kann zum Bumerang werden – oft kommt es anders, als man denkt. Es ist notwendig, trotz genauer Planung immer die Augen offenzuhalten, den Überblick zu bewahren und auf etwaige geänderte Umstände oder überraschendes Verhalten des Gegenübers zu reagieren.

Sun Tzu, ein erfolgreicher Experte für militärische Strategie aus dem nordöstlichen China, sagt in seinem Text *Dreizehn Gebote der Kriegskunst* zum Thema Flexibilität: „Nur der besonnene und wendige Feldherr, der es versteht, sich an die wechselnden Umstände anzupassen, wird seine Truppen zum Sieg führen."

Gerade etablierte Strukturen und Personen neigen dazu, sich auf das schon Erreichte zu verlassen, es zu verteidigen, starr und unflexibel zu agieren, statt sich immer wieder neuen Anforderungen anzupassen.

Auch starke emotionale Betroffenheit in Auseinandersetzungen führt zu einer zunehmend eingeschränkten Sicht auf die Gesamtsituation. Eine Möglichkeit, sich

Flexibilität und genügend Überblick zu erhalten, stellt der Schritt auf die Meta-Ebene dar. Nicht aus der eigenen – eingeschränkten – Perspektive, sondern aus einem weiter entfernten Blickwinkel – wie in einem Theaterstück oder auf der Kinoleinwand – können Situationen, Geschehnisse, Akteure und Verhaltensweisen unter anderen Blickwinkeln gesehen – und auch etwaige Betriebsblindheit vermieden werden.

Übung

Versetzen Sie sich in die Position einer unbeteiligten Person und skizzieren Sie dann ein Bild der Personen Ihres (Arbeits-)Umfeldes. Wie nahe/weit sind die Personen voneinander entfernt? Welche Beziehungen gibt es untereinander? Zeichnen Sie die formellen Beziehungen mit starken Linien ein und verwenden Sie unterbrochene Linien für die persönlichen (Freundschafts-) Beziehungen. Wenn Sie sich jetzt dieses Bild anschauen, wieviel Spielraum sehen Sie für sich selbst?

Die Meta-Ebene hilft, das eigene Verhalten einmal aus der Warte des Widerparts oder unbeteiligter Dritter zu erleben. Was einem selbst als harmlose Anmerkung erscheint, kann für das Gegenüber ein zutiefst verletzender Angriff unter die Gürtellinie sein. Überdies kann es helfen, sich von eigenem Ärger oder Kränkungen abzulenken, indem man bewußt die Reaktionen der Gesprächspartner betrachtet und analysiert. Diese Distanzierung verhilft auch oft dazu, sich aus einer etwaigen emotionalen Verstrickung zu lösen und die strategische Ausrichtung wieder klarer zu sehen.

Checkliste für den Schlachtplan

1. Analyse der Situation
2. Festlegung eines Ziels
3. Sicherung der Ressourcen zur Erreichung des Ziels
   Welche Verbündeten kann ich einbeziehen? Wieviel Zeit, Geld, Infrastruktur habe ich zur Verfügung? Welche Informationen kann ich mir beschaffen? ...
4. Erster Umsetzungsschritt
5. Überprüfung des ersten Schrittes und gegebenenfalls Modifizierung des nächsten Schrittes
6. Zweiter Umsetzungsschritt

7. Überprüfung
8. Weitere Schritte und Überprüfungen
9. Nach Erreichung des Zieles: Gesamtüberprüfung
   Was hat diese Strategie erfolgreich gemacht? Was will ich in Zukunft vermeiden? Was kann ich daraus lernen?

3. Werkzeuge

3.1 Florett oder Keule: Die Wahl der Waffen

Nach der Situationsanalyse, der Festlegung des Ziels und der Planung steht jetzt die Wahl der geeigneten Kampfmittel an. Zahlt es sich aus, viel Energie in abgefeimte, feine Methoden zu stecken, oder ist eher eine Keule brauchbar?

Strategisch hängt die Entscheidung, welche Waffen Sie einsetzen wollen, sicher vom Umfeld, den Gegnern, Ihrem Ziel und Ihren Vorlieben/Fähigkeiten ab.

Franziska, eine Teilnehmerin unserer Seminare, beschreibt ihr Arbeitsumfeld, eine größere Wirtschaftskanzlei, mit folgenden Worten: Alles sei dort grau und gedämpft. Vom Teppichboden, den Farben an den Wänden bis zur Kleidung der Mitarbeiter und Vorgesetzten. Man höre keinen einzigen lauten Ton. Die Türen seien mit Schaumgummi in der Dichtung so gedämpft, daß man nicht einmal die Türen lustvoll zuwerfen könne, wenn einem danach wäre. Ein Impuls, dem natürlich auch niemand nachgeben würde. Wenn es Auseinandersetzungen, Konflikte gäbe, würden diese hinter verschlossenen Türen, mit leisen Stimmen und bissigen Kommentaren der Vorgesetzten ausgetragen. Die Ebene der Auseinandersetzung würde von rein sachlichen, fachlichen Differenzen bestimmt.

Franziska sieht sich selber hilflos in diesem Netz gefangen; sie fühle sich „laut, derb und gewöhnlich" und brauche immer viel zu lange, um zu durchschauen, was gerade laufe.

Nach der Situationsanalyse und der Zieldefinition beschließt sie, sich auf ihre Stärken zu besinnen: an die Schärfe ihres Intellekts, ihre Energie und ihre Ausdauer. Wenn sie weiter versucht, sich dem „dezenten" Verhalten der anderen anzupassen, kann sie ihre Ideen nicht hinreichend einbringen. In dem beschriebenen Umfeld kann sie allerdings auch nicht etwa durch Lautstärke punkten.

Also entscheidet sich Franziska, in Zukunft Unausgesprochenes nicht durchgehen zu lassen. Sie wird nachfragen, Ungenaues auf den Punkt bringen, Arbeitsaufträge präzisieren und auch schriftlich dokumentieren. Bei „bissigen" Angriffen von seiten der Chefs will sie versuchen, diese Angriffe zurückzuweisen, sie den Angreifern zurückzuspielen und eventuell auch auf die Emotionen anzuspielen. Etwa so: „Warum erwähnen Sie das jetzt?", „Warum stört Sie dieses Verhalten?" oder „Wenn dieses Verhalten Sie verletzt, werde ich versuchen, in Zukunft darauf Rücksicht zu nehmen!" Vor allem hat sich Franziska vorgenommen, sich durch die Stimmung in der Kanzlei nicht die Freude an Erfolgen dämpfen zu lassen und ihre eigene Energie nicht zu beschneiden.

Wer glaubt, daß Kampfrhetorik bedeutet, auf jeden Fall zuerst einmal kräftig hinzulangen und dann erst zu denken, liegt falsch. Derbe Waffen haben zwar den Vorteil, zunächst einmal heftig zu treffen, Verletzungen zu verursachen, aber starke Waffen ziehen häufig einen noch heftigeren Gegenschlag nach sich. Daher empfiehlt sich, etwa Killerphrasen nicht mit einer weiteren Killerphrase (siehe das Kapitel *Killerphrasen* – Seite 83) zu beantworten, sondern Angreifer elegant ins Leere laufen zu lassen (siehe z.B. das Kapitel *Nebeltaktik* – Seite 92).

Allerdings: Feine Klingen sind anspruchsvoller in der Anwendung und kosten auch mehr Energie. Wenn Sie mit wenig Aufwand lästige Konkurrenz ausschalten können (und wollen), tun Sie es!

3.2 Einfache, aber wirksame Werkzeuge

Die nun folgenden Methoden können in sehr vielen unterschiedlichen Situationen verwendet werden. Sie haben den Vorteil, relativ einfach und zugleich hochwirksam zu sein. Die meisten davon brauchen vor allem ein bißchen Frechheit, Chuzpe und Beharrungsvermögen. Etliche der aufgelisteten Methoden werden in den nächsten Kapiteln noch ausführlicher beschrieben.

Das erste Wort

Sich das erste Wort zu nehmen ist eine wundervolle Methode, das Thema und die Richtung eines Gesprächs – zumindest vorläufig – zu bestimmen und das Klima zu beeinflussen und somit das Gegenüber von Beginn an in die Defensive zu drängen.

Das letzte Wort

Mit dem letzten Wort fassen Sie die Ergebnisse in Ihrem Sinne zusammen und legen allfällige weitere Schritte fest. Das letzte Wort bleibt überdies allen Beteiligten und etwaigen Zuhörern am stärksten im Gedächtnis.

Thema und Inhalte bestimmen

Wenn Sie's nicht tun, tun's die anderen.

Lange reden, viele Redebeiträge

Je öfter und länger Sie am Wort sind, desto mehr Zeit haben Sie, sich und Ihre Inhalte zu präsentieren – und desto weniger Zeit haben die anderen.

Wiederholen

Da das, was Sie sagen, wichtig ist, gehört es auch wiederholt. Wiederholt, wiederholt, vielleicht etwas abgewandelt, zusammengefaßt und wiederholt!

Unterbrechen

Nehmen Sie sich Ihr Recht! Verwehren Sie sich gegen unverschämte Versuche anderer, in Ihren Raum einzudringen bzw. Sie zu beschränken – sofern dies Ihren Zielen dienlich ist.

Fragen

„Warum hast du das jetzt gesagt?" oder: „Was hast du damit jetzt gemeint?" verschaffen Ihnen zum einen Zeit bzw. eine Atempause und zwingen zum anderen das Gegenüber zu einer Rechtfertigung – also in die Defensive. Fragen können zudem dazu dienen, Gespräche unauffällig zu lenken. Durch Fragen können Sie Schwächen Ihres Gegners, seine Strategien oder Lücken in seiner Argumentation aufdecken – und ihn damit ins Hintertreffen bringen.

Thema wechseln

1. Sie sind Meister in Ihrem Fachgebiet. Warum sollten Sie sich auf ein Thema einlassen, das Ihnen nicht liegt? Wechseln Sie zu Themen Ihrer Wahl, bei denen Sie Ihre Kompetenz ausspielen können!

2. Ein Thema bzw. die Richtung eines Gesprächs ist Ihnen unangenehm. Warum lassen Sie sich darauf ein? Lenken Sie ab oder wechseln Sie auf ein Gebiet, das Ihnen mehr liegt!

Ignorieren

Nicht alles und jeder verdient Ihre Aufmerksamkeit.

Lügen

Niemand zwingt Sie dazu, sich nur an die Wahrheit und an nichts als die Wahrheit zu halten – so Ihnen niemand auf die Schliche kommt. Im übrigen: Es gibt ja ohnehin in den meisten Fällen nur subjektive Wahrheiten – suchen Sie sich eine aus! Allerdings: Bauen Sie keine zu komplizierten Konstrukte, in denen Sie sich verirren könnten; bleiben Sie so simpel und glaubwürdig wie möglich.

Das Gegenüber direkt und persönlich ansprechen

Häufig unterliegen persönlich angesprochene Gesprächspartner einer Ihnen dienlichen Beißhemmung. Nutzen Sie diesen Effekt!

Lautstärke

Wer lauter spricht, wird eher gehört. Allerdings: Wirklich mächtige Personen können es sich leisten, auf Lautstärke zu verzichten.

Anstarren

Fixiert zu werden ist unangenehm. Wenn Sie Ihrem Gegenüber zu Leibe rücken wollen, ist anstarren ein wirksames Mittel.

Blickkontakt vermeiden

Lassen Sie Ihr Gegenüber ins Leere laufen, indem Sie nicht reagieren, es nicht einmal anschauen. Dies kann einerseits – gerade in emotional aufgeladenen Situationen – dazu dienen, daß Sie nicht so leicht abzulenken sind und Ihren roten Faden besser verfolgen können. Außerdem kann es ein herber Angriff auf das Selbstbewußtsein des Gegenübers sein.

Sich Raum nehmen

Machen Sie sich breit. Wichtigen Personen gebührt ein entsprechender Rahmen. Und Sie sind wichtig!

3.3 Methoden für Fortgeschrittene

Die folgende Auflistung soll gemeinsam mit den einfachen, wirkungsvollen Methoden eine vollständige Übersicht über die wichtigsten Werkzeuge bieten. Die komplexeren davon sind teilweise nur in speziellen Konstellationen anwendbar und erfordern auch mehr Übung und Erfahrung. Viele davon werden auf der emotionalen Ebene wirksam, was bedeutet, daß die Kontrolle der Methoden und ihrer Auswirkungen hohe Anforderungen an die Anwender stellt. Beiden gemeinsam ist, daß sie gezielt eingesetzt werden sollten. Simple Patentlösungen gibt es im Bereich der Kampfrhetorik nicht.

Regeln und Rahmenbedingungen

Nicht jede ausgesprochene oder unausgesprochene Regel muß widerstandslos hingenommen werden. Versuchen Sie, Rahmenbedingungen zu schaffen, die Ihnen nützen: Hinterfragen Sie bestehende Regeln und Rahmenbedingungen, definieren Sie Regeln um, fordern Sie neue Regeln ein!

Rollen

Die Rolle legt den Spielraum fest. Wenn Sie sich selber eine machtvolle, eine sympathische Rolle zuschreiben, so haben Sie ungleich mehr Spielraum als als „graue Maus". Wir können Ihnen nur dringend ans Herz legen, die eigene Rolle selbst zu definieren, indem Sie sich z.B. als kompetent, erfahren, erfolgreich darstellen. „Als Konferenzmanager war ich für das Marketing der Veranstaltungen mitverantwortlich. In der Zeit, in der ich bei der Firma Ü. war, stieg die Teilnehmerquote um 41 Prozent."

Dabei können Sie natürlich noch einen Schritt weitergehen, indem Sie auch Ihren Gesprächspartnern Rolle(n) zuweisen. „Was halten Sie als Frau von dem, was Herr Huber da gesagt hat? Wie empfinden Sie dieses Verhalten? Sind Sie darüber nicht empört?" In dem Beispiel weisen Sie der Frau zu, daß sie fühlt, daß sie empfindet, daß sie ein emotionales Wesen ist. Aber nichts über ihre Kompetenzen, Qualitäten.

Moderationsfunktion

Ein Moderator oder eine Diskussionsleiterin hat eine sehr machtvolle Funktion: zusammenfassen, das Wort zuteilen, lenken durch Fragen, das Thema abgrenzen etc. Allerdings hat diese Rolle auch einen Nachteil: Moderatoren sind gemeinhin neutral – oder müssen jedenfalls so erscheinen. Sie können die Vorteile dieser Funktion also dann am besten nutzen, wenn Sie darauf verzichten, selbst allzu direkt und vehement Standpunkte zu beziehen, jedoch entweder mit einer anderen Person, die mit Ihnen verbündet ist, kooperieren oder selbst, allerdings versteckter, Ihre Meinungen und Argumente immer wieder einbringen.

Gesprächslenkung

Es ist wichtig, das Gespräch, die Konfrontation zu kontrollieren. Wenn Sie die Zügel schleifen lassen, übernimmt Ihr Gegner das Ruder. Wollen Sie das wirklich?

Gespräche zu lenken beinhaltet die Kontrolle darüber, unter welchen Bedingungen Gespräche stattfinden, wer wann am Wort ist – Sie können z.B. in einer Runde durch direkte Fragen oder unmittelbares Ansprechen von Personen Wortmeldungen zuteilen –, welche Themen wann und wie ausführlich behandelt werden und auf welchen Ebenen Kommunikation stattfindet.

Schmeicheln, das Verwenden von Reizwörtern, das Ansprechen von Klischees und Vorurteilen erschweren es dem Gegenüber, sich Ihrer Gesprächsführung zu entziehen. Sie können Ihrem Gesprächspartner durch Übertreibungen, Abschwächungen, Zustimmungen, Widersprüche, Verallgemeinerungen, Schlagwörter/Phrasen/Simplifizierungen Ihr Thema leichter aufdrängen. Und wenn Sie dies mit Doppeldeutigkeiten verbinden, hat er fast keine Chance mehr.

Gegenargumente können Sie ins Lächerliche ziehen, Begriffe umdeuten, Schwächen des Gegenübers aufdecken und so Ihr Gesprächsziel im Auge behalten. Welche Mittel Sie auch einsetzen, verwenden Sie sie dazu, Ihr Ziel zu verfolgen! Lenken Sie das Gespräch in die Richtung, die Sie vorgeben! Denn: Sich nicht ablenken zu lassen und die eigene Strategie durchzuhalten ist das wichtigste!

Ebenenwechsel

Der Wechsel der Ebenen – von der emotionalen auf die Sachebene, von der Inhalts- auf die Meta-Ebene und wieder zurück – ist eine wundervolle Möglichkeit, zu steuern und zu lenken, etwa um beim Thema zu bleiben und sich gleichzeitig nie wirklich aufs Thema einzulassen.

Mutter zum Sohn: „Räum jetzt bitte endlich den Teller vom Tisch. Wie das wieder ausschaut hier!"

Sohn: „Warum sagst du das jetzt? Was willst du von mir?"

Mutter: „Ich will, daß du den Teller da wegräumst!"

Sohn: „Warum sprichst du mich jetzt darauf an? Der Teller steht schon seit zwei Stunden dort, wo er steht."

Mutter: „Räum ihn weg, er stört mich!"

Sohn: „Du bist immer so penibel und kleinlich."

Mutter: „Gut. Reden wir darüber, wie wir es mit der Ordnung halten wollen, wenn wir schon zusammenleben."

Sohn: „Was du immer mit deinem Teller hast. Willst du jetzt, daß ich ihn wegräume? Dann tue ich es halt. Hier, siehst du, ich hab ihn weggeräumt. Ist jetzt endlich Ruhe?!"

Abwertung des Themas

Wenn ein Thema Ihnen nicht angenehm ist, aber auch wenn Sie Ihr Gegenüber nicht direkt angreifen wollen, werten Sie das Thema ab! Wozu sollten Sie sich auch mit Themen – oder Gesprächspartnern – befassen, die uninteressant, unwichtig, langweilig, überschätzt ... sind!

Paralleldiskussion

Eine Möglichkeit, einem unangenehmen Thema auszuweichen oder die Dominanz eines Gesprächspartners zu unterlaufen, besteht darin, eine Paralleldiskussion mit jemand anderem aus der Runde zu beginnen. Die Wogen gehen zwar hoch, trotzdem: Vorbei ist auch daneben.

Hartnäckigkeit

Stellen Sie sich vor, Sie wollen in einer Runde über ein bestimmtes Thema reden, z.B. über das Wetter – und Ihre Gesprächspartner nicht. Nun, Sie haben sehr wohl eine Chance, das Wetter als Thema zu forcieren, aber nur, wenn Sie auch wirklich hartnäckig sind – hartnäckig und penetrant. Wenn zwei über unterschiedliche Themen sprechen wollen, setzt sich die Person durch, die das ihre am penetrantesten vertritt.

Gespräche emotionalisieren

Sie können einem Gespräch einerseits mehr Emotionalität verleihen, indem Sie persönliche Beispiele bringen, Anekdoten oder Geschichten erzählen, Begebenheiten besonders lebhaft und farbig schildern, Gefühle ausdrücken, die Befindlichkeit anderer erfragen oder aber indem Sie andere auf die Gefühlsebene locken – durch Angriffe, Vorwürfe, Unterstellungen, Schuldzuweisungen, auch durch das Aufwärmen alter Geschichten oder vergangener Konflikte. Unterstellungen und Vorwürfe (Einseitigkeit, Unfähigkeit, Inkompetenz, Unwissen, Verantwortungslosigkeit, Subjektivität, zu wenig Erfahrung, zu wenig Theorie/Praxis und was Ihnen noch an Möglichkeiten einfällt!) sind hervorragend geeignet, Gegner aus ihrem emotionalen Gleichgewicht zu bringen.

Emotionen sind sehr schwer kontrollierbar und dadurch letztendlich auch unberechenbar. Also birgt der Schritt auf die emotionale Ebene immer das Risiko, von den Gefühlen dann auch selbst mitgerissen zu werden. Wobei sich in diesem Spiel der Gesprächspartner durchsetzt, der ruhig und vergleichsweise sachlich bleibt.

Killerphrasen

Im Kapitel *Killerphrasen* (Seite 83) wird ausführlich dargestellt, was Sie tun können, wenn Ihnen Killerphrasen an den Kopf geworfen werden. Sie können sich allerdings nicht nur wehren, Sie können Killerphrasen auch offensiv anwenden. Machen Sie Ihre Gegner mundtot, indem Sie deren Schwachstellen gezielt anspielen.

Humor

Durch Humor können Situationen einerseits entschärft werden, auf der anderen Seite können Bösartigkeiten durch Ironie und Sarkasmus gekonnt verschleiert werden. Außerdem ist Humor ein Mittel, das Ihnen Sympathie einbringen kann. Und Sympathie kleidet allemal gut.

Nonverbale Methoden

Nonverbale Methoden können das Gesagte wirkungsvoll unterstreichen und damit verstärken oder aber konterkarieren. Sie können sich selber sehr viel Platz nehmen und den Gegner dadurch in die Ecke drängen. Sie können sogar in den Raum des Gegenübers eindringen, ihn berühren und angreifen. Weniger deutlich, aber genauso wirksam sind drohende Gesten wie ein auf den Gegner zielender Zeigefinger oder mit der Faust auf den Tisch zu schlagen.

Um souverän zu wirken, gilt der eherne Grundsatz: Ruhe bewahren.

Abwertungen und Aufwertungen

In der Kampfrhetorik geht es darum, ein Ziel zu erreichen – also zu gewinnen. Das bedeutet Sieger zu sein, oben zu sein, entweder indem man sich selbst erhöht oder der Gegenüber herabgesetzt wird.

Sie können sich selbst aufwerten, indem Sie sich auf eine Gruppe, eine allgemein anerkannte Organisation, Ihre (Praxis-)Erfahrung, Ihre Ausbildung, Ihre Zeugnisse, Ihre Titel, Ihnen gewogene Autorität(en), Ihre Kompetenz (durch: Beispiele, Anekdoten, Zitate, Statistiken, ...) oder auf Ihre Erfolge („Alle sagen, ohne mich hätte es nicht geklappt!") berufen. Dabei erweist sich häufig auch das Einstreuen von Zitaten, Statistiken und Fremdwörtern als brauchbar.

Sie können das Gegenüber abwerten, indem Sie Warnungen und Bedenken äußern. „Hast du dir das auch wirklich gut überlegt?", „Ich denke, daß Sie sich in eine ungünstige Position hineinmanövriert haben", „Aus meiner Erfahrung als Managerin/Sozialarbeiter/Mutter etc. kann ich Ihnen nur sagen, daß Sie viel besser auf sich aufpassen müssen", „Sie dürfen nicht so leichtgläubig sein. Da werden Ihre Geschäftspartner aber heftig versuchen, Sie über den Tisch zu ziehen!"

Verwenden Sie Formulierungen wie: Sie müssen, Sie sollen, Sie werden das tun... Damit verfestigen Sie den „natürlichen" Abstand zwischen sich und Ihren Gegnern. Nur aus der Oben-Position können Sie solche „Anregungen", sprich: Befehle geben. Auch Erklärungen, Belehrungen und Ratschläge und das Anbieten von Hilfe sind effektiv, wenn Sie Ihr Gegenüber abwerten wollen.

Auf der emotionalen Ebene können Sie diese Distanz durch Verständnis, Mitgefühl, Mitleid und Besorgnis ausdrücken. Sie haben für das arme, kleine, hilflose Gegenüber Verständnis. Mit diesem „Verständnis" können Sie das zugrundeliegende Muster verschleiern, nämlich: Sie sind oben, Ihre Widersacher sind unten!

Die Psycho-Masche

Eine vor allem bei Ärzten, Psychologen, Therapeuten, Lehrern, Sozialarbeitern beliebte Methode ist die Psycho-Masche. Sie sind dabei die Kompetenz, die – netterweise – Ihre Zeit und Ihre Aufmerksamkeit zur Verfügung stellt. Sie widmen sich nämlich den Problemen Ihres Gegenübers. Bildhaft gesprochen: Sie legen Ihr Gegenüber auf die analytische Couch, sitzen daneben auf dem Stuhl und untersuchen das Innerste Ihrer Gegner, helfen Ihrem Gegenüber zu den Problemfeldern zu kommen – und halten sich selber dabei natürlich raus.

„Aha, diese Konflikte mit dem Chef gibt es also, weil er immer so autoritär ist. Hast du ein Problem mit Autoritäten? Wie war dein Vater? War der auch autoritär? Hast du mit ihm auch Probleme gehabt? Ah, ja! Bei einem so tiefsitzenden Problem, solltest du da nicht etwas tun?", „Ich kenne dich doch ...", „Ich weiß doch genau, wie du bist ..." sind dabei brauchbare Gesprächsfloskeln.

Lehrer-Schüler-Spiel

Lehrer beurteilen die ganze Klasse und auch einzelne, geben Aufgaben, strafen, kritisieren, fragen, wissen immer alles besser, verteilen Schulnoten. Spielen Sie diese Funktionen zu Ihrem eigenen Vorteil aus, etwa, wenn Sie ein aufmüpfiges Gegenüber haben, das nicht und nicht auf Sie hören will! Ziehen Sie dabei Vergleiche – ruhig auch unfaire! Scheuen Sie sich nicht davor, zu beurteilen, zu bewerten und zu benoten! Korrigieren Sie Ihr Gegenüber, weisen Sie hin auf Schwächen, Fehler, Versprecher des Gegenübers – und nützen Sie jeden Rechtfertigungsversuch als Bestätigung! Sprechen Sie anderen Fähigkeiten und Kompetenzen ab: „Du kannst das nicht ...", „Das trau ich dir nicht zu ..." – und wenn Ihre Gesprächspartner sich gegen die Demontage sträuben, fordern Sie Beweise ein! Notfalls können Sie sich immer noch gönnerhaft oder nachsichtig zeigen, wenn die Beweise vor Ihren Augen Gnade finden.

3.4 „Bodycheck" – Körpersprache

80 % der Information in jedem Gespräch werden über nonverbale Signale vermittelt. Es ist ein weitverbreiteter Irrtum zu glauben, daß brillante Argumente und geschliffene Formulierungen die Hauptrolle in Kommunikation und Rhetorik spielen. Gerade in der Kampfrhetorik, die ja besonders stark auf die emotionale Ebene zielt, muß nonverbalen Komponenten wie Körpersprache (also Mimik, Gestik, Körperhaltung etc.) und stimmlichen Signalen (Sprechtempo, Tonfall, Tonhöhe, Lautstärke, Modulation etc.) besonderes Augenmerk geschenkt werden.

Übung

Probieren Sie aus, den Satz: „Ich bin gut!" besonders überzeugend zu sprechen. Zunächst nehmen Sie dabei eine sitzende Haltung ein, überkreuzen Ihre Arme und Beine und halten Ihren Kopf schief oder gesenkt. Danach versuchen Sie es noch einmal im Sitzen oder Stehen, nehmen dabei genügend Raum und eine offene Körperhaltung ein, heben den Kopf und atmen aus dem Bauch. Bemerken Sie den Unterschied?

Häufig werden Wahrnehmung und Interpretation von Körpersprache vermischt. Als Meister dieser Kunst stellt sich immer wieder der Pantomime Samy Molcho in seinen mittlerweile zahlreichen Werken zum Thema Körpersprache dar. Um gezielt mit Körpersprache arbeiten zu können, ist es unumgänglich, zu überprüfen, ob der Eindruck, den man von einer Person hat, aufgrund von Fakten – also Wahrnehmungen – oder Vermutungen – also Interpretationen – erfolgt.

Bei einem Seminar saß eine Teilnehmerin die ganze Zeit, auch während heftiger Auseinandersetzungen, aufrecht und gerade. Dies erweckte den Eindruck großer Selbstsicherheit. Am Ende des Seminars erwähnte die Teilnehmerin nebenher, daß sie aufgrund einer körperlichen Erkrankung nur so und nicht anders sitzen könne.

Ein gegenteiliger Effekt – nämlich der Eindruck von Unsicherheit – entsteht hinter zu hohen Schreibtischen, auf zu niedrigen Sesseln oder zu hohen Absätzen.

Die jetzt folgenden Richtlinien können nur allgemeine Tendenzen, aber keine individuelle Analyse bieten:

▶ Körpersprache gibt Hinweise auf Beziehungen, Machtverhältnisse und Stimmungen, aber keine inhaltlichen Informationen.

▶ Wenn Sie in einer beliebigen Gesprächssituation Selbstbewußtsein und Selbstsicherheit signalisieren möchten, so sind vor allem die nonverbalen Aspekte zu beachten. Der bewußte und gezielte Einsatz von körpersprachlichen und stimmlichen Strategien ermöglicht es, Souveränität und Sicherheit auzustrahlen.

▶ Verschaffen Sie sich Platz! Machen Sie sich bemerkbar, weiten Sie Ihre Grenzen aus und nehmen Sie sich ausreichend Raum! Beanspruchen Sie Raum für Ihre Gestik und Ihre Bewegungen, machen Sie sich groß und breit!

▶ Signalisieren Sie Offenheit! Nehmen Sie eine offene Körperhaltung ein! Geizen Sie nicht mit Blickkontakt!

▶ Lassen Sie sich nicht in die Defensive drängen! Bestimmen Sie selbst, wieviel und welchen Raum Sie einnehmen wollen, mit wem Sie Blickkontakt halten und von wem Sie gesehen werden wollen! In der Regel bringt es Ihnen Vorteile, von möglichst vielen Menschen gesehen zu werden.

- Bewahren Sie Haltung! Aufrechte und gerade Körperhaltung signalisiert in der Regel Souveränität.

- Stimmungen, Gefühle und die jeweilige Tagesverfassung werden teilweise durch die Mimik sichtbar. Wenn Sie nicht durchschaut werden wollen, kann es sinnvoll sein, ein Pokerface aufzusetzen.

- Jemanden anzulächeln ist eine nette, freundliche oder höfliche Geste, es ist jedoch sehr zweifelhaft, ob es bei einer aggressiven oder auch nur selbstbewußten Äußerung angebracht ist. Beobachten Sie sich selbst dabei, wie oft Sie lächeln und ob dieses Lächeln tatsächlich von Herzen kommt oder nur eine Beschwichtigungsgeste ist. Wohlgemerkt, wir sprechen von freundlichem Lächeln, nicht von hämischem Grinsen oder einem zynischen Verziehen der Mundwinkel.

- Berührungen einer anderen Person können unterschiedlich interpretiert werden. Auf der einen Seite kann dadurch Nähe und Intimität signalisiert werden, auf der anderen Seite werden dadurch auch Machtansprüche ausgedrückt.

Übung

Nehmen Sie folgende Haltung ein: Machen Sie sich sehr klein, pressen Sie Arme und Beine eng an den Körper, halten Sie den Kopf gesenkt, schauen Sie zu Boden und atmen Sie möglichst flach. Bleiben Sie in dieser Haltung mindestens zwei Minuten lang und nehmen Sie wahr, wie Sie sich während dieser Übung fühlen. Nehmen Sie nun eine breite raumgreifende Haltung ein, halten Sie den Kopf aufrecht und gerade und schauen Sie in die Welt hinaus. Behalten Sie auch diese Position etwa zwei Minuten bei und konzentrieren Sie sich dabei wieder auf die Wahrnehmung Ihrer Emotionen.

Daß Stimmungen und Gefühle unsere Körperhaltung beeinflussen, ist mittlerweile unumstritten. Der umgekehrte Effekt wird oft übersehen – Körperhaltungen wirken auf unsere Gefühle. Gerade dieser Effekt kann in der Kampfrhetorik besonders wirkungsvoll eingesetzt werden. Sei es um – innere – Ruhe zu bewahren, indem eine äußerlich ruhige und selbstsichere Position eingenommen wird, sei es, indem Körpersprache ebenso wie Tonfall etc. bewußt eingesetzt werden, um Bot-

schaften zu verstärken und das Gesagte zu unterstreichen, aber auch um abzu-
schwächen, abzulenken oder zu verdecken.

Übung

Finden Sie jetzt Ihre „Selbstsicherheitshaltung". Probieren Sie, sowohl im Sitzen als auch im Stehen eine Körperhaltung zu finden, in der Sie sich selbstbewußt, überzeugend, stabil … fühlen. Wenn Sie die Möglichkeit haben, vor einem Spiegel oder mit einer anderen Person zusammen zu üben, können Sie auch überprüfen, ob das Gefühl mit dem äußeren Bild übereinstimmt. Prägen Sie sich diese Körperhaltung(en) ein, so daß Sie sie rasch einnehmen können, wenn Sie sie brauchen. Sie können an sich beobachten, ob es Ihnen gelingt, erfolgreicher zu agieren und weniger leicht das emotionale Gleichgewicht zu verlieren, wenn Sie Ihre „Selbstsicherheitshaltung" einnehmen. Wenn Sie im Stehen üben, so vergewissern Sie sich, daß Sie mit beiden Beinen fest auf dem Boden stehen und Ihre Hände nicht in den Hosentaschen oder hinter Ihrem Rücken verstecken.

Übung

Nehmen Sie die in der letzten Übung gefundene „Selbstsicherheitshaltung" ein und versuchen Sie, das Gefühl, das Sie damit verbinden, an einer Stelle des Körpers zu konzentrieren. Berühren Sie jetzt diese Stelle und konzentrieren Sie sich noch einmal stark auf das Gefühl von Selbstsicherheit.

In vielen Fällen können Sie schon nach dem einmaligen Durchführen der Übung das Gefühl von Selbstsicherheit durch die Berührung der von Ihnen gefundenen Körperstelle wecken und einsetzen. Manchmal ist es auch notwendig, die Übung mehrmals durchzuführen, ehe der Effekt eintritt.

Die meisten Menschen wählen eine Körperstelle, die in der Öffentlichkeit unauffällig berührt werden kann. (Wenn es sich um die Fersen handelt, wird die Berührung etwas mehr Aufsehen erregen. In so einem Fall empfiehlt es sich, einer zweiten Körperstelle in günstigerer Position nachzuspüren.)

Körpersprache drückt neben Stimmungen, Befindlichkeiten etc. immer auch Beziehung aus, wobei Machtbeziehungen (Dominanz und Unterordnung) einen wesentlichen Aspekt ausmachen.

Eine wesentliche Frage bei der Entschlüsselung von Machtbeziehungen ist: Wer nimmt wieviel Raum ein? Mächtigere Personen beanspruchen im allgemeinen mehr Raum für sich als weniger mächtige – man/frau denke nur an die Größe von Autos, Räumen, Schreibtischen etc.

Auf die Spitze getrieben wird die Frage des Raums beim Eindringen in den persönlichen Raum des anderen, im krassesten Fall durch Berührungen. Der Chef, der einem Arbeiter kumpelhaft auf die Schulter klopft, ist ein gängiges Bild, die umgekehrte Inszenierung kaum vorstellbar.

Menschliche Gesten, die Überlegenheit oder Unterordnung signalisieren können

Überlegenheit	Unterordnung
anstarren	den Blick senken oder abwenden, flakkernder Blick
berühren	sich an die Berührung anschmiegen
unterbrechen	verstummen
in den Raum des anderen eindringen	Raum abtreten, aus dem Weg gehen
Stirn runzeln, streng blicken	lächeln
mit dem Finger zeigen	gehorchen, in der Handlung innehalten, sich in die gewiesene Richtung bewegen

(aus: Nancy Henley „Körperstrategien", Fischer: Frankfurt 1988)

In der Kampfrhetorik – und nicht nur dort – geht es darum, selbst zu bestimmen, wieviel Raum man einnehmen möchte bzw. für sinnvoll hält, keinesfalls jedoch darum, sich die Größe des beanspruchten Raumes von anderen zumessen zu lassen.

Raum ist ein knappes Gut. Das bedeutet, daß es bei der Verteilung zu Konflikten kommen kann, insbesondere weil es ja meist nicht nur darum geht, genügend Raum für sich selbst zu fordern, sondern auch darum, mehr Raum als das Gegenüber zur Verfügung zu haben (um bewußt oder unbewußt Überlegenheit zu signalisieren). Denken Sie nur an Erfahrungen in Autobussen, Flugzeugen oder Kinosälen, den Kampf um gemeinsame Armlehnen oder die Suche nach genügend Platz, um Ihre Füße auszustrecken.

Wer kennt nicht das Kinderspiel „Anstarren", bei dem derjenige verloren hat, der als erster den Blick abwendet? Auch in diesem Spiel geht es um das Überschreiten der persönlichen Grenzen.

Übung

Schauen Sie in der Straßenbahn ein „ unschuldiges Opfer" unverhohlen an und beobachten Sie, wie es reagiert. Starrt es zurück, oder wendet es seinen Blick ab? Gibt es einen Unterschied zwischen Männern und Frauen?

Wie geht es Ihnen? Ist es Ihnen unangenehm, zu starren?

Dieses Überschreiten der Grenzen kann in der Kampfrhetorik bewußt eingesetzt werden, indem der Gegner bzw. die Gegnerin nicht aus den Augen gelassen wird (am besten noch ohne das Gesicht zu verziehen bzw. die Aggressionsgeste durch ein Lächeln zu entwerten).

Übung

Versuchen Sie bei einem Ihrer nächsten Gespräche, Ihre verbalen Botschaften nicht durch Mimik, Gestik oder andere körpersprachliche Signale zu unterstreichen. Ebenso vermeiden Sie zustimmendes Nicken, Äußerungen wie „Mhm" und den Augenkontakt, wenn Ihr Gegenüber am Wort ist. Wie lange dauert dieses Gespräch?

Nicht alle Menschen werden gleich interpretiert. Besonders gilt dies für Frauen und Männer. Nonverbale Machtbotschaften sind für Frauen von besonderer Bedeutung – zum einen weil sie empfindlicher (siehe das Buch *Irren ist männlich* von Christiane Tramitz) auf solche Botschaften reagieren, zum anderen, weil sie häufiger deren Objekte sind. Viele nonverbale Verhaltensweisen haben eine Doppelsymbolik: In Abhängigkeit davon, ob sie von Partnern in einer asymmetrischen oder symmetrischen Beziehung benutzt werden, können sie entweder Dominanz oder Intimität bedeuten. Einer Frau, die ihrem männlichen Gegenüber in der Straßenbahn unverhohlen in die Augen starrt, schreibt man (und frau) in der Regel nicht Machtanspruch, sondern sexuelles Interesse zu. Die Verhaltensweisen, die Dominanz und Unterordnung zwischen Ungleichen ausdrücken, laufen parallel zu jenen, die in der ungleichen Beziehung zwischen den Geschlechtern von Männern und Frauen gezeigt werden.

In der Kampfrhetorik geht es darum, sich dieser Unterschiede bewußt zu sein und diese auch soweit wie möglich auszunützen. Die Rolle als männermordender Vamp ist durchaus eine Stärke, die dem – in diesem Fall männlichen – Gegenüber Angst einflößen kann. Das heißt nicht, daß frau keinerlei Machtgesten einsetzen sollte, aber sehr wohl, daß mögliche Mißverständnisse einkalkuliert werden sollten.

3.5 Stellen Sie sich ins Rampenlicht!

Versuchen Sie, sich an die letzte Fernsehdiskussion, an die letzte Abteilungssitzung, an den letzten Elternausschuß zu erinnern. Wer von den Beteiligten ist Ihnen im Gedächtnis geblieben? – Meistens Menschen aus zwei Kategorien: diejenigen, die Ihre Meinung sehr gut vertreten haben (oder auch die Gegner Ihrer Anliegen), und zweitens diejenigen, die sehr oft und sehr viel geredet haben. Daher ist einer der wichtigsten Grundsätze, wenn man sich selber in den Vordergrund spielen möchte, möglichst lange und viel zu reden. Wie wollen Sie bemerkt werden, wie können Sie wichtig genommen werden, wenn Sie stumm in der Ecke sitzen und beobachten, aber nicht aktiv am Geschehen teilnehmen? Dabei gilt der Grundsatz: **Quantität vor Qualität**. Es ist eine simple Tatsache: Für die meisten Zuhörer ist nicht der Sachinhalt eines Beitrags ausschlaggebend, sondern die Länge.

Andererseits bietet dieser plumpe Mechanismus auch die Möglichkeit, ihn für sich selbst zu nützen. Es ist also nicht notwendig, sich selber durch unnötig hohe Anforderungen an die Schärfe, den Witz, die Güte eines Beitrags daran zu hindern, das Wort zu ergreifen.

Eine Teilnehmerin eines unserer Seminare erzählte folgende Geschichte: Schon in der Schule war ihr aufgefallen, daß die Lehrer weniger auf die inhaltliche Qualität von Beiträgen als auf die Häufigkeit der Wortmeldungen achteten. Also machte sie es sich zur Aufgabe, sich in jeder Stunde mindestens dreimal zu Wort zu melden. Sie bat um Wiederholung der Hausaufgabe, sie fragte nach bei Geschichten des Lehrers, und sie bat, auf die Toilette gehen zu dürfen Sie lieferte also kaum inhaltliche Beteiligung am Unterricht, trotzdem wurde sie als intelligente, aufgeweckte und aufmerksame Schülerin eingeschätzt und kam daher kaum in die Verlegenheit, unangenehme Aufgaben oder Stundenwiederholungen machen zu müssen.

Wenn Sie zunächst Schwierigkeiten haben, sich zu Wort zu melden, fangen Sie an, in Sitzungen das Datum oder die Anwesenheit festzustellen. Keine Wortmeldung kann zu trivial sein, es kommt nur darauf an, daß Sie etwas sagen. Hilfreich ist es dabei natürlich, sich auf die Sitzung auf angemessene Weise vorzubereiten. Je sicherer Sie sich fühlen, um so leichter fällt es Ihnen auch, sich zu Wort zu melden. Je öfter Sie sich zu Wort melden, desto sicherer fühlen Sie sich, und desto leichter melden Sie sich zu Wort. Je öfter Sie sich zu Wort gemeldet haben, desto höher ist die Wahrscheinlichkeit, daß Sie auch um Ihre Meinung gefragt werden (denn Sie sind jetzt eine „wichtige" Person).

Wenn Ihnen drei Wortmeldungen zunächst als zu hohe Hürde erscheinen, fangen Sie mit einer Wortmeldung pro Sitzung an und steigern Sie sich dann langsam auf zwei und schließlich auf drei Beiträge. Wie gesagt, es geht dabei nicht um die Qualität des Beitrages, sondern es geht darum, bemerkt zu werden.

Dabei ist ein Kunstgriff durchaus erlaubt: Wiederholen Sie sich. Es verbietet Ihnen niemand, Ihre kluge, inhaltlich wertvolle und außergewöhnliche Meinung den Zuhörern auch wirklich nachdrücklich ans Herz zu legen, indem Sie sie noch einmal wiederholen und dann noch einmal!

Wenn Sie selbst lange und viel reden, hat das noch einen angenehmen Nebeneffekt: Ihre Konkurrenz hat dann weniger Raum, sich auszubreiten.

Denn, wie schon bemerkt, in der Kampfrhetorik geht es um Macht (um Macht und daher auch um Raum). Raum bedeutet den Raum, den Sie körperlich für sich beanspruchen (siehe Kapitel: *„Bodycheck" – Körpersprache* – Seite 68), aber auch den Raum, den Sie sich verbal nehmen. Dabei kann Ihr eigenes Gefühl Sie leicht täuschen. Haben Sie jetzt wirklich lange geredet, oder kam es Ihnen nur so vor? Daher besteht hier der erste Schritt darin, eine klare Einschätzung für Zeit zu bekommen.

Übung

Bitten Sie eine Freundin oder einen Freund, einmal mitzustoppen, wenn Sie reden, oder fertigen Sie selbst eine Strichliste für jede Wortmeldung (unabhängig von der Länge) an.

Stimmt Ihre Einschätzung mit der „objektiveren" Wahrnehmung überein? Nehmen Sie sich wirklich soviel Redezeit wie Ihre Konkurrenten, oder sind Sie immer noch zu höflich?

Übung

Falls Sie im Trockentraining wissen wollen, wie gut Sie in der Kunst der Selbstdarstellung sind, nehmen Sie sich einen Kassettenrecorder zur Hand, suchen Sie sich ein Thema, über das Sie gut Bescheid wissen, und erzählen Sie dem Kassettenrecorder alles, was Sie wissen. Anschließend stoppen Sie die Zeit. Dann suchen Sie sich ein neues Thema und erzählen Sie es wieder dem Kassettenrecorder. Vielleicht ist die Aufnahme diesmal schon etwas länger.

Der Grundsatz, lange und viel zu reden, gilt allerdings nicht, wenn Sie wollen, daß Ihnen Ihr Publikum auch inhaltlich folgen kann. Dann ist es sinnvoll, in kurzer und übersichtlicher Form die wichtigsten Argumente zusammenzufassen, Unnötiges beiseite zu lassen und prägnant zu formulieren!

3.6 Fastest Tongue in the West: Unterbrechen

Eine der stärksten Machtdemonstrationen ist das Unterbrechen. Und genau diese Machtdemonstration kann wiederum gezielt genutzt werden. Es kann durchaus Spaß machen, Gesprächsgegner daran zu hindern, zu Wort zu kommen oder ihre Gedanken im Gespräch zu entwickeln.

▶ Unterbrechen Sie Ihren Gegner jedesmal, wenn er Sie vor ein unangenehmes Argument stellt.

▶ Stellen Sie jegliches redeunterstützende Verhalten ein. Kein Lächeln, kein zustimmendes Nicken, keine Hmmms mehr. Beobachten Sie die Wirkung: Sie werden verblüfft sein, wie schnell Sie zu Wort kommen.

▶ Stellen Sie Fragen, die dazu gedacht sind, Ihr Gegenüber zu irritieren. Die Frage „Warum?" in zahlreichen Variationen eignet sich dazu ganz vorzüglich.

▶ Lachen Sie Ihr Gegenüber aus!

▶ Spenden Sie Beifall, wenn es Ihrer Argumentationslinie hilft!

▶ Widersprechen Sie umgehend, wenn Sie die Meinung Ihres Gegenübers nicht teilen!

▶ Liefern Sie ungefragt Zusatzinformationen à la „Bei meiner Oma war es damals genauso. Sie ..."

All dies muß natürlich geübt werden. Suchen Sie sich im Fernsehen eine politische Diskussion und versuchen Sie, in den Fernseher hinein zu Wort zu kommen. Es geht nur darum, zu üben, diese lästige Höflichkeitsschranke zu überwinden. Gelingt Ihnen das Unterbrechen schon ganz gut, dann suchen Sie sich einen typischen Vielredner, eines der Exemplare, die zu Hauf diese Welt bevölkern und ihre Umgebung mit unendlich langen und langweiligen Schilderungen nerven. Bei genau diesem Exemplar versuchen Sie, ihm oder ihr mehrmals ins Wort zu fallen. Sie werden vielleicht bemerken, daß es Ihnen zunehmend leichtfällt.

- Auch der geübteste Vielredner braucht Zeit zum Atemholen oder gar zum Nachdenken. Nutzen Sie diese Pausen!

- Sie können durch eine Zustimmung („Ja, genau dasselbe sage ich auch immer zu ..."), ein Kompliment Ihr Gegenüber elegant daran hindern, Ihnen wieder ins Wort zu fallen.

- Wie wäre es mit Überraschungseffekten, etwa einem Stift, der Ihnen völlig unbeabsichtigt aus der Hand fällt?

- Wechseln Sie die Ebene! Sprechen Sie Ihr Gegenüber persönlich an und versuchen Sie über den Verlauf des Gesprächs zu reden. „Sie haben jetzt 10 Minuten lang referiert, ohne zu überprüfen, ob ich verstanden habe ..."

- Übernehmen Sie ein Stichwort Ihres Gegenübers und reden Sie damit weiter.

- Wenn Sie Publikum haben, ist vielleicht ein Witz (Wie wäre es mit einem Witz, der den Redner abwertet?) ein geeignetes Mittel, um die Aufmerksamkeit zu bekommen.

- Fassen Sie Ihr Gegenüber – bei lebhaft Gestikulierenden ist diese Taktik besonders erfolgversprechend – am Unterarm und reden Sie.

Ist Ihnen die Unterbrechung gelungen, sind Sie am Wort, stehen Sie vor einem neuen Problem: Wie wehren Sie sich erfolgreich gegen lästige Unterbrechungsversuche? Dabei sind „So lassen Sie mich nur mehr diese Winzigkeit zu Ende bringen ...", „Derzeit bin ich am Wort ..." oder „Unterbrechen Sie mich nicht!" durchaus brauchbare Floskeln. Genauso nützlich ist es, den lästigen Unterbrechungsversuch durch ein ruhiges Wiederholen des zuvor Gesagten – unter Umständen noch verbunden mit erhöhter Lautstärke oder einem Wechsel des Sprechtempos – zu bestrafen. Es empfiehlt sich, gerade dann langsam und bedächtig zu sprechen. Auf Provokationen mit einer Gegenprovokation zu reagieren lenkt Sie vielleicht erfolgreich von Ihrem Thema ab – passen Sie auf und verlieren Sie Ihr eigenes Ziel nicht aus den Augen!

Unterbrechungen in Gesprächen –
Zusammenfassung der Methoden

Angriff	Verteidigung
Lautstärke	Lautstärke
Sprechtempo	Sprechtempo
(Veränderung der) Körperhaltung	(Veränderung der) Körperhaltung
Körperkontakt	Körperkontakt
durch intensiven Blickkontakt	Blickkontakt unterbrechen
irritieren	besonders intensiver „strafender"
(Atem-)Pause nutzen	Blick
einhaken	schnelle + kurze Sätze („Stakkato")
Schlagworte aufgreifen	ignorieren und Ruhe bewahren
Teile des anderen Statements wiederho-	„roten Faden" im Kopf behalten
len und weiterreden	Wiederholung der eigenen Worte
„Ja, aber ..."	Gegenprovokation
zustimmen und selbst weiterreden	einhaken
(nach-)fragen	Geschichten/Beispiele
irritieren, ablenken	auf später vertrösten
Überraschungseffekte	„moralischer Zeigefinger", Vorwürfe
Ironie, Sarkasmus	(Unhöflichkeit, schlechte
Provokationen, Unterstellungen	Kinderstube)
Gegenüber oder Thema abwerten	Regeln einfordern
Vorwürfe	Meta-Ebene
Beleidigung	zuhören und auf den ersten Fehler des
Zweifel anmelden	Gegenübers warten
das Gegenüber korrigieren	„totreden", „ins Leere laufen" lassen,
Beispiele einfordern oder selbst	dann eigenes Statement
bringen	fortsetzen

Am Wort zu bleiben und das Gespräch zu lenken stellt vielleicht ein größeres Problem für Sie dar. Dann erinnern Sie sich an das Kapitel *Stellen Sie Sich ins Rampenlicht!* – Seite 74.

3.7 Argumente: Auch die Verpackung zählt

Argumente dienen im allgemeinen dazu, die eigene Meinung zu erklären und zu begründen bzw. das eigene Ziel zu erreichen.

Die Qualität der einzelnen Argumente ist nicht das einzige oder auch nur das ausschlaggebende Kriterium dafür, wer sich durchsetzt und wer nicht. Natürlich wäre es oftmals wünschenswert, daß einzig und allein die inhaltliche Qualität Gespräche oder Kommunikation bestimmen (auch wenn wir damit den geneigten Lesern und Leserinnen unterstellen, daß es bei ihnen so sei) – die Praxis sieht dennoch anders aus.

Das heißt nun nicht, daß den Inhalten einer Argumentation keinerlei Beachtung geschenkt werden sollte. Die inhaltliche Auseinandersetzung verhilft Ihnen zu mehr Sicherheit, so daß Sie erfolgreicher agieren können. Zudem stehen inhaltlich gute Argumente und eine effektive Präsentation keinesfalls im Widerspruch zueinander!

Dennoch: Nicht die besseren Argumente führen zum Ziel, sondern die bessere Präsentation setzt sich durch.

Wenn Sie sich in Ihrer Argumentationslinie sicher fühlen, erleichtert Ihnen das, nur die Ihnen genehmen Gegenargumente aus den Statements Ihres Gegenübers auszuwählen, andere aber links liegenzulassen – das heißt, nicht auf jede Widersprüchlichkeit oder Nebensächlichkeit einzugehen und sich so weder von Ihrem Ziel ablenken noch in für Sie nachteilige Gesprächssituationen manövrieren zu lassen.

Wir haben für Sie nachstehend ein einfaches Schema zur Argumentationsvorbereitung zusammengefaßt – die investierte Zeit lohnt sich!

▶ Als allererstes definieren Sie Ihr Gesprächsziel!

▶ Danach sammeln Sie möglichst viele Argumente, die Ihr Ziel bzw. Ihre Meinung unterstützen. Zu diesem Zeitpunkt ist es noch unwichtig, ob Sie ein Argument für mehr oder weniger schlagkräftig halten!

- Erst im nächsten Schritt wählen Sie die – höchstens fünf bis sieben – besten Argumente aus. Argumente sind dann gut, wenn sie nachvollziehbar, gewichtig und schwierig zu entkräften sind – und wenn Sie in der Lage sind, sie möglichst glaubwürdig zu vertreten! Überlegen Sie sich nun, wann und wie Sie die ausgewählten Argumente am wirkungsvollsten einbringen können.

- Widmen Sie sich nun den Argumenten, von denen Sie annehmen können, daß die Gegenseite sie bringen wird. Sammeln Sie möglichst viele potentielle gegnerische Argumente und bereiten Sie Ihre Antworten oder anderen Reaktionen darauf vor. Sind Beweisführungen leicht zu widerlegen, so entkräften Sie sie. Sind vorgebrachte Begründungen unglaubhaft oder zu leichtgewichtig, tun Sie das kund. Fällt Ihnen auf ein Argument keine Entgegnung ein, so schwächen Sie es ab oder ignorieren Sie es.

- Legen Sie sich abschließend Ihren roten Faden für das Gespräch zurecht und halten Sie sich Möglichkeiten offen, dabei flexibel zu bleiben, ohne vom Ziel abzukommen!

Übung

Entwickeln Sie – für ein reales Gespräch, z.B. um die Höhe Ihres Gehalts oder Honorars – eine Argumentationsstrategie nach dem oben angeführten Schema.

Um Ihr Ziel zu erreichen, müssen Sie allerdings sehr wohl dafür sorgen, daß Ihre Argumente und die *von Ihnen* eingebrachten Themen Inhalt des Gesprächs sind und bleiben; es geht also darum, auch Ihr Gegenüber dazu zu bringen, auf Ihre Argumente einzugehen. Sollten also Ihre Argumente nicht sofort bei der Gegenseite „ankommen", so ist es durchaus angebracht, diese Argumente auch zu wiederholen und zu wiederholen und zu wiederholen …

Tip: **Je einfacher ein Argument, desto eher wird es verstanden, desto leichter bleibt es in Erinnerung, und desto schwieriger ist es zu ignorieren.**

Also: Wenn Sie verstanden werden wollen, fassen Sie sich kurz! Halten Sie Ihre Sätze kurz und einfach, verwenden Sie allgemeinverständliche Begriffe! Bemühen

Sie sich um einen „roten Faden", eine präzise innere Logik in Ihrer Argumentation. Machen Sie anderen Ihre Schlußfolgerungen zugänglich – so werden sie für andere nachvollziehbar und überprüfbar!

Bringen Sie Leben in Ihre Argumentation: Versehen Sie Ihre Sachargumente mit passenden Geschichten, würzen Sie mit Anekdoten, malen Sie Bilder! Die „junge Mutter, die sich abrackert in dem Bemühen, ihre drei kleinen unschuldigen Kinder satt zu kriegen" ist bei weitem plastischer und bleibt darum auch eher im Gedächtnis als das Faktum, daß „Frauen und Kinder mehr als 70 % der Bevölkerung unter der Armutsgrenze ausmachen".

Bei der Wahl der eigenen Argumentationslinie ist es wichtig, auch die eigene Rolle einzubeziehen. Eine junge Mutter kann glaubwürdiger gegen (oder für) die Abtreibung argumentieren als ein alter Professor. Dementsprechend wird die junge Mutter überzeugender mit persönlichen Erfahrungen und emotionellen Argumenten wirken als mit Zahlen und Statistiken – wobei die Kenntnis dieser als Draufgabe zusätzlich beeindruckt. Auf diese Weise kann die junge Mutter mehr Felder besetzen und mehr Punkte machen als der vielleicht verklemmt und lebensfern wirkende Professor.

Der Anspruch, in einer Auseinandersetzung Ihr gesamtes Wissen und all Ihre Erfahrungen zu einem bestimmten Themenbereich ins Treffen zu führen, ist nicht nur eine Überforderung, sondern sogar hinderlich. Die Kunst einer wirkungsvollen Argumentationslinie liegt in der Auswahl weniger, aber treffender – das heißt der Situation und dem Gegenüber angepaßten – Argumente.

Tip: Weniger ist mehr!

Das gilt auch für die einzelnen Statements. Wenn Sie mehrere Argumente hören, können Sie sich das zur Beantwortung und Weiterführung aussuchen, das Ihnen am besten paßt (dasselbe gilt natürlich auch für Ihre Gegenspieler). Bei einem Argument pro Statement fällt das schon sehr viel schwerer. Zudem raten wir Ihnen, in Gesprächen oder bei Diskussionen einmal auszuprobieren, wieviel Ihnen im Gedächtnis bleibt, wenn Sie bei einem Redebeitrag mit Informationen überhäuft werden.

Bei der Wahl einer Argumentationsstrategie kommt es auf das richtige Timing an: Wann plaziere ich welches Argument? Welche Reihenfolge wähle ich?

Das erste Wort bzw. das erste Argument gestattet mir, die Richtung, welche das Gespräch nimmt, sehr stark zu beeinflussen. Zudem kann ich meist noch damit rechnen, die Neugier meines Gegenübers zu wecken, während sein Widerstand noch geringer sein wird.

Die letzten Worte bleiben hängen. Außerdem kann danach nicht mehr ergänzt, berichtigt, widersprochen etc. werden. Daher kommt es häufig in der letzten Phase der Auseinandersetzung zum Kampf um das Schlußwort. Es zahlt sich aus, aus diesem Kampf als SiegerIn hervorzugehen!

Checkliste Argumentation:

▶ Ich beschränke mich auf wenige schlagkräftige Argumente.
▶ So einfach wie möglich!
▶ Nur ein Argument pro Statement!
▶ Wiederholungen verstärken bestimmte Argumente.
▶ Ich muß nicht auf alle Argumente des Gegenübers eingehen.
▶ Beginn und Schlußworte bleiben am stärksten in Erinnerung.

3.8 Killerphrasen

Du hast ja keine Ahnung!
Ich mein's ja nur gut.
Das haben wir schon immer so gemacht!

So wenig diese Sätze einander auf den ersten Blick ähneln mögen, eines haben sie gemeinsam – in der richtigen Situation an die richtige Person gebracht, können sie enorme Schlagkraft entwickeln, Gespräche oder Streitigkeiten beenden oder eskalieren lassen, Gesprächsthemen vom Tisch wischen und Gesprächspartner auf der Stelle mundtot machen – Killerphrasen.

Killerphrasen sind Schläge unter die Gürtellinie. Sie zielen immer auf die emotionale Seite des Gegenübers. Und sie sind auch nur dann erfolgreich, wenn sie diese Seite treffen.

Manchmal klingen Killerphrasen unverblümt beleidigend, vorwurfsvoll, sie machen ihr Ziel lächerlich, werten es ab. *„Wie du schon wieder ausschaust!"*, *„Auf dich ist eben kein Verlaß!"*, *„Du bist immer gleich beleidigt"*... .

Andere verkleiden sich als an der Oberfläche sachlich erscheinende Einwände. *„Das wurde doch schon immer so gehandhabt!"*, *„Sie sind eben noch nicht lange genug dabei!"* ...

Die wichtigste Instanz, die Orientierung gibt, ob es sich bei einem Statement, das Sie aus dem Konzept bringt, um eine Killerphrase handelt, ist immer das eigene Gefühl der Betroffenheit.

Dennoch gibt es auch einige sachliche Erkennungsmerkmale. Killerphrasen, worauf auch immer sie sich oberflächlich betrachtet beziehen mögen, haben einige Aspekte gemeinsam. Diese Aspekte zu erkennen und zu benennen ermöglichen es, Killerphrasen schneller zu identifizieren.

Killerphrasen passen nicht oder zumindest nicht ganz zum gerade aktuellen Gesprächsthema – schließlich sind sie dazu da, das Thema zu wechseln oder zu beenden. Wenn etwa gerade über die letzte Familienfeier gesprochen wird, so hat der Einwurf: *„Sei doch nicht immer so emotional!"* mit dem Thema – also der Familienfeier – keinen direkten Zusammenhang.

Killerphrasen sollen den Gesprächspartner bzw. die GesprächspartnerIn emotionalisieren und damit zum Schweigen oder aber in Rage – und damit aus dem Konzept – bringen. Wenn es mit Hilfe einer solchen Phrase gelingt, das emotionale Gleichgewicht des Gegenübers zu stören, ist das schon der halbe Sieg.

Was können Sie tun, wenn Sie emotional getroffen wurden? Keinesfalls sollten Sie so tun, als wäre nichts passiert. In manchen sozialen Umfeldern, in denen bestimmte „moralische" Werte hochgehalten werden, kann die eigene Betroffenheit sogar als Waffe eingesetzt werden, mit der Sie das schlechte Gewissen Ihres Gegenübers aktivieren. *„Auf dieses Niveau begebe ich mich jetzt nicht!"* oder: *„Was bringt es dir, so verletzend zu sein?"* Das heißt nicht, daß Sie waidwund ihre verletzliche Kehle präsentieren und auf den Biß warten sollen; es heißt, sich selber nichts vorzumachen. Eine emotionale Verletzung wird dadurch, daß Sie sie ignorieren, nicht ungeschehen gemacht.

Ein hilfreicher Trick in diesem Zusammenhang ist es, Zeit zu gewinnen. Zeit, die Sie brauchen, um sich von dem Treffer zu erholen, sich eine Kontermöglichkeit zu überlegen und dabei vor allem das eigentliche Thema und das eigene Ziel nicht aus den Augen zu verlieren. *„Meinst du diese Bemerkung wirklich ernst?"* oder: *„Was genau möchtest du damit sagen?"* Auf die Vorhaltung *„Nimm's doch nicht gleich so persönlich!"* empfiehlt sich die Frage: *„Wie war's denn gemeint?"*

Der Fokus des Gesprächs sollte gerade in einer Situation, in der Sie getroffen wurden, auf keinen Fall weiter auf Ihnen ruhen. Lenken Sie ab, beginnen Sie ja nicht damit, sich zu rechtfertigen oder zu verteidigen, sondern gehen Sie in die Offensive. *„Und nun, nach ein paar unqualifizierten Bemerkungen, zurück zum eigentlichen Thema ..."*

Eine beliebte und wirkungsvolle Methode ist auch, das Gegenüber in Frage zu stellen: *„Warum hast du das jetzt gesagt? Was hast du davon?"* Und bestehen Sie darauf, daß Ihr Widersacher auch wirklich antwortet. Notfalls können Sie auch nochmals nachfragen und noch ein weiteres Mal ...

Sie können sarkastisch gemeinte Bemerkungen bewußt für bare Münze nehmen. *„Na, du schaust heute ja wieder gut aus!"* etwa können Sie mit einem betont freudigen und freundlichen *„Danke, nett, daß du das sagst!"* quittieren. Bei Doppeldeutigkeiten können Sie sich auch bewußt aussuchen, auf welche der ausgesandten Botschaften Sie antworten und welche Sie vernachlässigen wollen.

Oder Sie können Killerphrasen auf ebenso sachliche Weise beantworten, wie sie maskiert wurden. Auf *„Das haben wir schon immer so gemacht"* antworten Sie ruhig und gelassen: *„Dann wäre eine neue Herangehensweise ja durchaus einen Versuch wert."*

Checkliste Umgang mit Killerphrasen

1. Killerphrasen können auch einfach ignoriert werden bzw. Sie können deutlich merkbar souverän darüber hinweggehen.

2. Insbesondere wenn Publikum anwesend ist, lohnt es sich, auf Killerphrasen zu reagieren.

3. Dabei gilt der Grundsatz: Nie verteidigen oder rechtfertigen, sondern in die Offensive gehen!

Mögliche Reaktionen bzw. Antworten:

- sachlich zurückweisen bzw. richtigstellen
- Motive des Gegners, dahinterstehende Haltungen aufdecken
- nachfragen, hinterfragen
- Vorwurfshaltung, moralischer Zeigefinger, bewußt starke Betroffenheit bzw. Kränkung zeigen
- bewußt mißverstehen bzw. negative Bedeutungen in positive ummünzen
- ausweichen, Nebeltaktik (siehe auch Kapitel *Nebeltaktik* – Seite 92)
- überspitzen, ins Lächerliche ziehen, kontern, zurückschlagen

Wir haben zu Beginn dieses Kapitels eine Auflistung der häufigsten Killerphrasen und möglicher Antworten darauf zusammengestellt. Lassen Sie sich von den angeführten Beispielen inspirieren. Wenn Sie einige passende Antworten parat haben, beschleunigt das Ihre Reaktion – und mit der Zeit und der zunehmenden Häufigkeit, mit der sie kontern können, wächst auch die Originalität, was Ihre Antworten betrifft. Legen Sie sich für den Anfang die Latte nicht zu hoch – auch Schlagfertigkeit muß trainiert werden.

Wenn Ihnen nicht nur daran liegt, gegen Sie gerichtete Killerphrasen abzuwenden, sondern auch darum, aktiv damit anzugreifen, dann geht es zunächst darum, die passende Killerphrase für Ihr Gegenüber auszusuchen. Überlegen Sie, womit Sie Ihr Gegenüber am besten treffen können. Ist er eitel? Ist sie unsicher, was die eigenen Leistungen betrifft? Unsicher, was die eigene Wirkung betrifft?

Nach Ihrer ganz persönlichen Wahl und Ihren Vorlieben suchen Sie jetzt die treffendste Killerphrase aus. Seien Sie sich dabei aber immer bewußt, welche – auch unvermutete – Sprengkraft Killerphrasen haben können, wenn sie wirklich ins Schwarze treffen, und wenden Sie sie nur zielgerichtet an.

Killerphrasen – einige Klassiker

Sie sind ja inkompetent!

▶ Ihre Annahmen sind mir herzlich egal. Ich setze mich nur dann mit Vorurteilen auseinander, wenn mir das wichtig oder relevant erscheint.
▶ Können Sie das beurteilen?
▶ Das sagen gerade Sie?!
▶ Und woher wissen gerade Sie das (oder lassen Sie sich einsagen)?
▶ Meine kleine Tochter pflegte früher zu sagen: „Was man sagt, das ist man selber ...“
▶ Schließen Sie bitte nicht von sich auf andere.
▶ Das sehe ich anders.
▶ Nach diesem schlagenden Argument nun wieder zurück zum Thema, da wäre zunächst ...

Hast du das nötig?

▶ Ja. Und?

▶ Und ob, sonst hörst du ja nicht zu.

▶ Was denn?

▶ Bei dir schon!

▶ Offensichtlich!

▶ Ja, immer mal wieder.

▶ Lieber unnötig?

▶ Du nicht?

Reden wir ein anderes Mal darüber, wenn mehr Zeit ist.

▶ Jetzt ist dafür Zeit genug.

▶ Jetzt oder nie!

▶ Wann?

▶ Gut. Dann sollten wir aber gleich einen Termin vereinbaren, wo wir genügend Zeit haben. Die Sache ist wichtig, wir sollten uns bald dafür Zeit nehmen.

▶ Sie wollen mich doch nicht etwa abwimmeln? Nein? Gut, dann machen wir doch gleich einen Termin aus!

Sind Sie sich da wirklich ganz sicher?

▶ Ja.

▶ Wieso sollte ich das nur im geringsten bezweifeln?

▶ Überzeugen Sie mich, daß es nicht stimmen kann.

▶ Nie war ich mir sicherer.

▶ Sicher genug.

▶ Sicherer, als Sie sich sind.

▶ Woran zweifeln Sie? Vielleicht können wir einiges klären.

In Ihrem Alter ...

▶ Und selber waren Sie nie jung?

▶ Ja! In meinem Alter! Ich habe nur das eine!

- Ja, und ich habe jedes einzelne Jahr genossen, machen Sie mir das mal nach!
- Eines der besten ...
- Neidisch?
- ... da wären Sie wohl auch noch gerne?
- Ich komme mit meinem Alter ganz gut zurecht!
- Tja, ich bin eben noch jung und dynamisch (flexibel, offen, lernfähig ...)!
- In meinem Alter?
- Besser jung als schon gestorben!

Du hast ja keine Ahnung!

- Doch!
- Wovon?
- Ich ahne nicht, ich weiß!
- Hast du die Weisheit gepachtet?
- In bezug auf Numismatik hast du recht.
- Du meinst wirklich, du mit deiner Schulbildung kannst das beurteilen?
- Ab und zu schon, z.B. ahne ich, daß dieses Gespräch mit dir sinnlos ist.
- Nur montags bis freitags ...
- Eine oder zwei schon.
- Nicht ohne meine Kristallkugel ...

Das ist wieder typisch für dich.

- Ja, natürlich!
- Danke.
- Für wen denn sonst?!
- Ich bin ja auch ein Supertyp.
- Was genau stört dich daran?
- Damit kommen alle gut zurecht.
- Leider ist nichts typisch für dich!
- Du hättest mich wohl gerne so berechenbar?
- Gott sei Dank hast du das gleich erkannt.
- Ich freue mich, daß du mich schon so gut kennst.

Du schon wieder!

▶ Ja, ich freu mich auch, dich zu sehen (hören).
▶ Ja, ich noch immer!
▶ Ich schätze deine schnelle Auffassungsgabe.
▶ Genau!
▶ Du hast es (glasklar) erfaßt!
▶ Tja, ich kann einfach nicht von dir lassen!
▶ ... du mich auch! Übrigens ...

Du bist so emotional.

▶ Ja, das stimmt; weil mich dieses Thema besonders betrifft. Das sollte bei dir auch so sein.
▶ Hast du Probleme mit Emotionen? (... meinen Emotionen? ... emotionalen Frauen? ... War deine Mutter auch so emotional? ... Hast du Probleme mit deiner Mutter? ...)
▶ Du bist wohl zu cool für dieses Thema.
▶ Ja, und ich steh dazu!
▶ Why not?
▶ Du willst vom Thema ablenken und wirst persönlich!
▶ Du wechselst gerade von der argumentativen auf die persönliche Ebene.
▶ Verwirrt dich das?
▶ So ist es.
▶ Und du bist ein Fisch?
▶ Was stört dich daran?
▶ Was ist für dich „emotional"?
▶ Ab und zu riskier ich schon mal ein paar Emotionen.
▶ Wie emotional soll ich denn sein?

Du bist so aggressiv!

▶ Besser die Wut rauslassen als ein Magengeschwür kriegen.
▶ Na, und wenn?
▶ Du machst mich eben so aggressiv.
▶ Danke für das Kompliment – ich mag Offenheit!

- Dann reiz mich nicht!
- Fühlst du dich angegriffen?
- Wieso – ich bin doch ein sprichwörtliches Lämmchen (*sanft, mit einem leichten Lispeln*).
- „Aggressiv" bin ich erst mit blutunterlaufenen Augen und Schaum vorm Mund – bis jetzt bin ich bloß sauer ...
- OK, dann werd ich's später. Wann paßt's dir?
- Das macht aber Spaß!
- Aggression ist meine Stärke.
- Wieso nicht? Stört es dich?

Du verstehst überhaupt keinen Spaß!

- Nein.
- Soll das heißen, ich soll dich/Sie nicht ernst nehmen?
- Dann versteh ich wohl die Pointe nicht.
- Doch, aber Gott sei Dank nicht Ihren/deinen.
- Bloß keinen schlechten.
- OK. Du willst über Humor und Spaß reden. Dann schauen wir uns einmal die Funktion von Witzen an. Witze dienen häufig dazu, andere abzuwerten. In dem speziellen von dir/Ihnen präsentierten Beispiel ...
- Dann mach einmal einen guten Witz!
- Im Moment ist mir einfach nicht zum Spaßen.
- Wenn der Spaß kommt, werde ich ihn schon erkennen!
- Doch, aber deiner ist mir zu platt.
- Wie kommst du darauf?
- Oh, das war Spaß. Hab ich gar nicht bemerkt.

Diese Idee hatten schon viele vor Ihnen!

- Es gibt eben noch andere helle Geister neben mir.
- Nun, das spricht doch dafür, daß sie gut ist.
- Aber noch nie so gut.
- Und jetzt ist der richtige Zeitpunkt dafür.
- Na, ich habe eben daraus gelernt.
- Und Sie haben alle vor mir auch verhindert?

- Das stelle ich nicht in Frage. Jetzt geht es um die Realisierung.
- Was ihre Qualität nicht mindert.
- Und Sie haben sie bis jetzt noch nicht verstanden?

Hast du keine anderen Argumente?

- Das war bloß das erste.
- Wenn du mit diesen/diesem schon nichts anfangen kannst, dann sind die anderen bloße Verschwendung.
- Würdest du sie überhaupt erkennen?
- Doch, jede Menge!
- Schließt du etwa von dir auf andere?
- Wozu, das dürfte doch reichen.
- Es ist derzeit noch nicht notwendig, (mehr) Argumente zu bringen.
- Gefallen dir diese nicht?
- Such dir ein schönes aus, ich bin ja flexibel.
- Du meinst solche, die du auf Anhieb verstehst?
- Doch, aber die sind dir zu hoch.
- Doch, aber diese müßten auch Ihnen einleuchten.

3.9 Nebeltaktik

Eine elegante Methode, mit Angriffen bzw. Anschuldigungen umzugehen, ist die Nebeltaktik.

Dabei wird zunächst einem Teil des Vorwurfs zugestimmt. Es mag auf den ersten Blick absurd klingen, einem Tadel oder einer Beschuldigung zuzustimmen, doch gerade diese Taktik ermöglicht es, wie ein Torero Angreifende ins Leere laufen zu lassen.

Sie lassen sich dabei nicht auf den Inhalt ein, Sie unternehmen aber auch keinen Versuch, den Vorwurf zurechtzurücken oder in Abwehrstellung zu gehen oder einen Gegenangriff zu starten. Denn wenn Sie das tun, steht der Vorwurf im Mittelpunkt und wird durch Ihre Rechtfertigung sogar noch verstärkt.

Im Gegenteil, der nebeltaktische Umgang mit Vorwürfen beginnt paradoxerweise mit einer formalen Bestätigung, wie z.B.: „Das stimmt", „Wahrscheinlich haben Sie recht" und ähnlichen Zustimmungen.

Einem böswilligen persönlichen Angriff auch noch zustimmen zu sollen, weckt häufig innere Widerstände. Sie fürchten vielleicht, dadurch in eine unterlegen Position zu gelangen. Die formale Zustimmung bei der Nebeltaktik bedeutet jedoch ebensowenig ein Eingeständnis einer Niederlage, wie ein Torero eine unterlegene Position demonstriert, indem er einen wilden Stier durch ein rotes Tuch ins Leere laufen läßt. Denn Ihre Zustimmung ist nur eine äußerliche. Worauf sich Ihre Zustimmung bezieht, bestimmen Sie selbst.

Es gibt bei dieser Taktik zwei Möglichkeiten, wie Sie mit Angriffen „übereinstimmen" können:

Sie können zum einen Ihre Zustimmung auf die Teile des Angriffs beziehen, die der Wahrheit entsprechen.

Wenn ein Kollege zu einer Kollegin sagt: „Wenn du so dumm bist und alles machst, was der Chef von dir will, wird er dir noch viel mehr draufpacken." Die Antwort der Kollegin im Sinne der Nebeltaktik könnte lauten: „Stimmt, der Chef hat die Tendenz, viel zu verlangen."

Die andere Variante der Nebeltaktik besteht darin, einer zugrundeliegenden allgemeingültigen Aussage zuzustimmen.

So würde die Kollegin antworten: „Da muß ich Ihnen zustimmen. Man sollte darauf achten, die eigenen Interessen nicht aus den Augen zu verlieren."

In diesem Beispiel wird gezeigt, was der Vorteil der Nebeltaktik ist. Wenn Sie sich nicht auf die Angriffe Ihres Gegners einlassen, bleiben Sie persönlich in Ihrer emotionalen Befindlichkeit ungerührter (denn natürlich verletzen persönliche Angriffe) und können damit die Situation leichter in der Hand behalten. Ihr Gegner strengt sich an und versucht, Sie persönlich zu treffen, aber was er nur trifft, ist eine dichte Nebelwand.

Versuchen Sie nun selbst,
nebeltaktische Antworten auf Vorwürfe zu finden:

„Wenn Sie ebensoviel Zeit auf Ihre Arbeit verwenden würden wie für Ihre Privatgespräche, wären Sie schon sehr viel weiter."

1. Zustimmung in bezug auf Teilwahrheit:
Mögliche Antwort: „Ja, das stimmt, meine Arbeit beansprucht sehr viel Zeit."

2. Zustimmung in bezug auf mögliche zugrundeliegende Wahrheit:
Mögliche Antwort: „Sie haben durchaus recht. Wenn man erfolgreich sein will, muß man viel Einsatz zeigen."

„Ein bißchen Freundlichkeit, nette Kleidung, und Sie meistern den Auftrag schon!"

1. Zustimmung in bezug auf Teilwahrheit:
Mögliche Antwort: „Es freut mich, daß Sie so darüber denken. Ich bin auch der Überzeugung, daß ich den Auftrag meistern werde."

2. Zustimmung in bezug auf mögliche zugrundeliegende Wahrheit:
Mögliche Antwort: „Ich stimme Ihnen zu, passende Kleidung und ein einnehmendes Auftreten erleichtern den Erfolg."

Bevor Sie sich nun für die Anwendung dieser Taktik entscheiden, empfehlen wir Ihnen, sie einmal mit einer Freundin, einem Bekannten oder einem Familienmitglied auszuprobieren.

Übung

Ihr Übungspartner versucht, Sie mit persönlichen Vorwürfen zu treffen, während Sie so gut wie möglich ausweichen. Diese persönlichen Vorwürfe zu äußern fällt Ihrem Übungspartner vielleicht nicht leicht; daher sollte er sich Zeit nehmen, erst ein paar Angriffe zu sammeln und Sie erst dann damit zu konfrontieren. Sobald es Ihnen gelingt, auf jede aggressive Äußerung mit einer zustimmenden Redewendung zu antworten, haben Sie den Bogen raus. Vergessen Sie jedoch nicht, mehrere Übungsgänge zu vereinbaren, wenn möglich unvermutet, so daß Sie lernen können, mit Überraschungsangriffen umzugehen. Sie können ein Spiel daraus machen: Gelingt es Ihrem Übungspartner, Sie zu überrumpeln – oder gelingt Ihnen die Vernebelung? Erst dann sind Sie für die Praxis wirklich gewappnet.

Beispiele für das Üben der Nebeltaktik

Äußerlichkeiten/Kleidung:

▶ Sie sehen mal wieder aus, als hätten Sie sich für einen großen Auftritt zurechtgemacht.
▶ Wenn du es nicht lassen kannst, deinen Hintern in knallenge Jeans zu zwängen, brauchst du dich nicht zu wundern, wenn dir einer draufhaut!
▶ An Ihnen nagt der Zahn der Zeit wohl ganz schön!
▶ Shampoo ist bei dir zu Hause wohl knapp!

Qualitäten/Kompetenzen:

▶ Sie haben keine Ahnung von der Praxis!
▶ Wenn Sie hier was zu sagen hätten, wäre die Firma wohl pleite!
▶ Sie können auch nur Stiere führen, die einen Ring durch die Nase tragen; Menschen führen können Sie nicht!
▶ Sie leben wohl im akademischen Wolkenkuckucksheim.
▶ Du machst zu viele verschiedene Sachen, so kannst du ja nicht wirklich gut in einer sein!
▶ Ihr Lachen erzeugt bei mir eine Gänsehaut!
▶ Mit schlecht vorbereiteten Präsentationen kann man keinen Blumentopf gewinnen.

- Bei Ihrem Führungsstil können Sie doch nicht erwarten, daß Ihre Mitarbeiter motiviert sind!
- Bei Ihrer Besprechung gestern, da ging ja ziemlich viel durcheinander!
- Ach, haben Sie das in einem Rhetorik-Kurs gelernt?

Haltung:

- Du redest, als wolltest du dich für die Nachrichten bewerben.
- Wenn du dein Geld ständig für lauter Schwachsinn rausschmeißt, kein Wunder, daß dein Konto ständig überzogen ist!
- Wirklich wichtige Menschen brauchen sich nicht ständig selber zu beweisen.
- Warum widersprechen Sie nicht – haben Sie keinen Mumm?
- Du lebst in einer Traumwelt – in der Realität bist du eine Versagerin!
- Der Chef meint es nicht freundlich mit Ihnen, der will Sie nur ausnützen!
- Moral ist gut, aber bitte nur in Ihrer Freizeit!
- Er braucht so lange, sollen wir den Kalender umdrehen?

Charakter:

- Wenn du deinem Chef immer die Meinung sagst, wirst du bald nicht mehr bei uns sein.
- So eingenommen, wie Sie von sich sind, ist es klar, daß Sie von Ihrem Umfeld nichts mitbekommen!
- Sie glauben wohl, wenn Sie dem Chef nach dem Mund reden, werden Sie Karriere machen?!
- Wie wär's, wenn du dich endlich zusammenreißen würdest!?
- Jetzt einmal ganz offen: Meinen Sie das wirklich ernst?
- Wenn Sie sich nicht nach den anderen richten, bleiben Sie alleine.
- Sie glauben wohl, Sie sind perfekt?!

3.10 Humor – das Salz in der Suppe

Es war ein netter Abend in geselliger Runde. Frauen und Männer saßen zusammen und plauderten. Bis Norbert anfing, die Runde mit Witzen zu unterhalten. Das Ergebnis war, daß die Gruppe immer weniger miteinander redete und Norbert einen Witz auf den anderen folgen ließ. Offensichtlich war er der Meinung, in der Runde sei zuwenig los und er müßte sie unterhalten. Die Qualität der Darbietung sank von Witz zu Witz; das zustimmende Lachen wurde immer gequälter, bis eine Frau aus der Runde die Initiative ergriff:

„Wißt Ihr, was ein positiver Orgasmus ist? … »Oh ja! Oh, ja … JAAAA!«
Wißt Ihr, was ein negativer Orgasmus ist? … »Oh nein! Oh, nein … NEEEEIN!«
Wißt Ihr, was ein religiöser Orgasmus ist? … »Oh Gott! Oh Gott! Oh Gott!«
Und nun, zu allerletzt – wißt Ihr, was ein vorgetäuschter Orgasmus ist? … »O Norbert!«"
Das genügte. Der Rest des Abends blieb von weiteren Witzen Norberts verschont.

Humor, Witze, Ironie und Sarkasmus gezielt einzusetzen hat nicht nur mit Unterhaltung, sondern auch viel mit Macht zu tun. Wer lange redet, wer im Mittelpunkt steht, wird als wichtig angesehen und damit auch respektiert. Witze zu erzählen ist eine Methode, Themen zu bestimmen, über die geredet (und gelacht) wird.

Außerdem liegt der Humor in den meisten Witzen darin, andere klein zu machen (und sich selber damit größer erscheinen zu lassen). Witze sind oft aggressiv, degradierend, verletzend. Daher werden witzige, ironische oder zynische Menschen meist nicht eben mit Sympathie belohnt. Im Gegenteil: Sarkastische Menschen sind häufig gefürchtet, weil sie mit Zielsicherheit die Schwächen des Gegenübers entlarven.

Das zu Beginn genannte Beispiel zeigt sehr schön, daß Humor nicht unabhängig vom Umfeld gesehen werden kann. Was als lustig wahrgenommen wird, bestimmt die Umgebung. Humor lädt zum Lachen ein als Zeichen der Anerkennung. Wenn die Mitglieder der Runde beim „vorgetäuschten Orgasmus" nicht gelacht hätten, wäre die dadurch gezeigte Ablehnung nicht wirksam gewesen. Als bei Norberts Witzen zunehmend weniger reagiert wurde, wurde dadurch signalisiert, daß sowohl der Humorist als auch alle, die seine Empfindungen teilten, abgelehnt wurden.

Im Lachen sind alle gleich: Barrieren, z.B. Statusbarrieren, werden vorübergehend aus dem Weg geräumt, weil gemeinsames Lachen ein gewisses Ausmaß an gemeinsamer Definition der Situation voraussetzt. Scherzhafte Einlagen sind Einladungen zum Mitlachen an die Anwesenden; sie betonen oder schaffen Zusammengehörigkeitsgefühle und erlauben es gleichzeitig allen, ihre Aufmerksamkeit für einen Moment von ernsthafteren Angelegenheiten zurückzuziehen.

Ein Trainerkollege, der oft mit Gruppen von Technikern arbeitet, erzählt gerne, daß er Seminartage immer mit Witzen einleitet. Die Witze müssen nicht einmal besonders lustig sein, aber das gemeinsame Lachen schafft eine angenehmere Atmosphäre und erleichtert ihm so das Arbeiten.

Humor ist feindselig, wenn er jemand lächerlich macht oder auf andere Weise als Zielscheibe benutzt.
„Ich habe in der Ausstellung gestern dein Bild bewundert. Es war das einzige, das man sich wirklich anschauen konnte."
„Du Schmeichler."
„Nein, wirklich. Vor den anderen Bildern standen einfach zu viele Leute!"

Schon 1938 untersuchte Freud die Funktionen des Humors und ging davon aus, daß das Lösen von Spannung und die Entladung von Aggressionen einerseits und Selbstverherrlichung andererseits wesentliche Aspekte von Humor sind. In Witzen kommen sehr häufig Aggressionen zum Ausdruck, ob deutlich zielgerichtet oder nicht.

Aber Humor kann auch ein Erziehungsmittel, ein Mittel der Versöhnung, der Bestätigung gemeinsamer Werte, des Lehrens und Lernens, des Bittens um und des Gewährens von Unterstützung, des Überbrückens von Differenzen sein. Kritik kann entschärft und damit oft leichter annehmbar gemacht werden, wenn sie in amüsanter, scherzhafter Form „verabreicht" wird.

Selbstironie kann eigene Schwächen in Stärken ummünzen. Wenn Sie über sich selbst lachen können, beweisen Sie Ihre Souveränität und bieten anderen weniger Angriffsfläche.

Freuds Bemerkung, daß ein wichtiger Typus von Witzen Rebellion gegen Autoritäten ausdrückt, könnte bedeuten, daß in hierarchisch geordneten Gruppen diejenigen auf den niedrigeren Hierarchiestufen mehr Gebrauch von den versteckten

Aggressionssignalen machen als diejenigen auf den höheren Stufen. Letztere müßten von dem Bedürfnis frei sein, „zurückzuschlagen", durch Witze einen „Triumph der Unverletzbarkeit" (Freud) genießen zu wollen. Die Praxis allerdings beweist das Gegenteil. Statusniedrigere benützen Witze deutlich weniger als Statushöhere.

Dennoch kann Humor dazu benützt werden, Widerstand gegen Systeme oder Personen auszudrücken, Druck zu verarbeiten und sich zu entlasten. Schon die Hofnarren des Mittelalters hatten „Narrenfreiheit"; ihnen war – zumeist als einzigen – erlaubt, an den jeweiligen Herrschenden durchaus heftig, aber eben in scherzhafter Weise Kritik zu üben. Eine ähnliche Funktion haben in unserem Jahrhundert Kabarett oder Karikatur. So erlebte das Kabarett während des 3. Reiches zunächst eine Hochblüte, bis es heftig sanktioniert wurde. Der Film *Cabaret* führt dies deutlich vor Augen.

Wenn Ihnen das Erzählen von Witzen bisher fremd war, fangen Sie an zu üben. Schauspieler berichten nicht umsonst, daß die Komödie eines der schwierigsten Genres ist. Witze zu erzählen gehört zur hohen Kunst der Rhetorik, und daher ist Übung notwendig.

Übung

Finden Sie einen Witz, der Ihnen gefällt. Bei der nächsten Gelegenheit (empfehlenswert dabei ist ein Ihnen freundlich gestimmtes Umfeld) geben Sie ihn zum besten. Lassen Sie sich Zeit dabei. Sprechen Sie langsam, setzen Sie genüßlich Pausen und schauen Sie Ihrem Publikum in die Augen. Spielen Sie mit Ihrem Publikum. Genießen Sie, die Stimmung des Publikums in Ihrer Hand zu haben, und genießen Sie das Lachen.

Wie haben Sie sich beim Erzählen des Witzes gefühlt? Konnten Sie die ungeteilte Aufmerksamkeit des Publikums erringen? Haben Sie es genossen, im Mittelpunkt zu stehen? Wie ist es Ihnen damit gegangen, etwas Herabsetzendes zu erzählen?

Wenn es nicht geklappt hat, versuchen Sie es bei nächster Gelegenheit noch einmal. Beobachten Sie, wie und wozu andere Humor einsetzen. Versuchen Sie, sich Witze zu merken, den Mechanismus von Witzen zu durchschauen, und bauen Sie sich ein Repertoire von Lieblingswitzen oder kurzweiligen Anekdoten auf.

Dieses Kapitel soll allerdings keine Aufforderung sein, ab jetzt die Betriebsnudel oder den Betriebsclown zu machen.

Viele Chefs sind zwar froh, wenn sie einen allzeit fröhlichen Untergebenen für gewisse Stunden in den Büro- und Betriebsräumlichkeiten haben, einen Entertainer, der die vor- und feierabendlichen Pflichtübungen wie Umzugstrunk, Geburtstagskaffee oder Beförderungsparty für die Anwesenden etwas auflockert. Der nach den zwei, drei kurzen Begrüßungssätzen des Abteilungsleiters die Bürofete durch ein kleines Gedicht, einige Witzchen oder personenbezogene selbstgestrickte Verse aufmischt.

Wenn aber dieser Abteilungsclown, diese Betriebsnudel einmal bei Vorgesetzten anfragen, ob sie aufgrund ihrer Qualifikation nicht eine Stufe nach oben steigen dürfen, dann ziehen Entscheidungsträger oft und schnell die Bremse. Sie fragen sich, ob eine so wenig ernsthafte Person wirklich in diesem wichtigen Bereich arbeiten kann. Und ob die anderen Kollegen so einen Typen denn auch als Vorgesetzten mit Richtlinienkompetenz respektieren würden, wo sie doch sonst nur halbseidene Witzchen aus dieser Ecke gewohnt sind.

Die Antwort kommt den Bossen meist aus dem Unterbewußtsein, aus dem irrationalen Gefühl heraus. Und auch, weil sie auf Nummer Sicher gehen wollen, sagen sie: „Nein."

Merke: Ein Clown lacht nie zuletzt!

So ist es etwa für berühmte Komiker wie Jerry Lewis – oder als aktuelles Beispiel Jim Carrey – schwierig, ihr ganzes schauspielerisches Talent auszuspielen, weil ihnen eine ernsthafte oder gar tragische Seite einfach nicht abgenommen wird.

Aus Amerika ist die Welle der „Political Correctness" auch nach Europa herübergeschwappt. Political Correctness bedeutet, sich der politisch korrekten Sprechweise zu unterwerfen, etwa nicht mehr von Behinderten zu sprechen, sondern sie statt dessen als „Menschen mit besonderen Talenten" zu bezeichnen. Harald Schmidt ist ein Musterbeispiel für jemand, der sich nicht an diese „korrekte" Sprechweise hält, der im Gegenteil sehr bewußt gegen sie verstößt – und damit großen Erfolg hat.

3.11 Manipulation – die Königsdisziplin

Sie haben etwas gekauft, an dem Sie schon beim Verlassen des Ladens Zweifel bekommen?

Sie haben eingewilligt, etwas zu tun, das Ihnen eigentlich widerstrebt, und wissen nicht genau, warum?

Sie haben sich zu Handlungen oder Äußerungen hinreißen lassen, die Ihnen schaden, Ihrem Gegenspieler aber nutzen?

Da liegt der Verdacht zumindest nahe, daß Sie manipuliert wurden.

Manipulation bedeutet die gezielte Anwendung verbaler und nonverbaler Mittel, um die eigenen Interessen durchzusetzen; die manipulierte Person indirekt dazu zu bringen, etwas für einen selbst Günstiges zu tun. Wobei die eigenen Ziele nicht offen ausgesprochen werden.

Wenn Sie Ihrem Chef nur Teilinformationen geben und diese Teilinformationen logisch zu Ihrem gewünschten Ergebnis führen, ist Ihre Manipulation auf der rationalen Ebene erfolgreich. Da sich diese Beeinflussung im rationalen und daher auch einfacher kontrollierbaren Bereich abspielt, ist es auch leichter, sich dagegen zur Wehr zu setzen.

Diese auf die Sachebene zielende Art der Manipulation ist oftmals an der sehr sachlichen und gleichzeitigen unkonkreten Sprache zu erkennen: „Es ist allgemein bekannt ...“, „Niemand kann bestreiten, daß ...“

Sehr viel gefährlicher ist die Manipulation auf der emotionalen Ebene. Dabei werden Schwachstellen ausgenutzt, unbewußte oder wenig kontrollierbare Anteile des Gegenübers, wie Abhängigkeiten, Unsicherheiten, Widerstände, Ängste, Schuldgefühle, Hoffnungen, Wünsche etc., angesprochen.

Sowohl die eigene Befindlichkeit als auch bestimmte Verhaltensmuster des Gegenübers können in der jeweiligen Situation als Hinweise auf den Einsatz von Manipulation dienen.

Checkliste – Hinweise auf Manipulation

▶ Sie fühlen sich frustriert, ärgerlich, unter Druck gesetzt, verwirrt oder empfinden Schuldgefühle.
▶ Ihr Gegenüber bezieht keine klar erkennbaren Positionen, Ziele/Motive/Standpunkte bleiben unklar.
▶ Ihre (Sach-)Argumente werden abgeschwächt, in Frage gestellt oder übergangen oder aber sollen mit einem wahren Dauerfeuer von (scheinbaren) Gegenargumenten außer Kraft gesetzt werden.
▶ Ihr Gegenüber argumentiert sprunghaft, es entstehen wiederholt Lücken in der Argumentation.
▶ Sie haben den Eindruck, daß verschiedene Aussagen widersprüchlich sind bzw. daß Widersprüche zwischen Sach- und emotionaler Ebene klaffen.
▶ Sie erhalten Doppelbotschaften („ Tu, was du willst, aber ich bin dagegen“); Aussagen Ihres Gegenübers sind oft mehrdeutig.

Menschen, die gut manipulieren können, spielen auf dem emotionalen Klavier – und zwar um so besser, je besser sie Ihre Opfer kennen oder einschätzen können.

Sonja ist eine junge, ehrgeizige Mitarbeiterin eines Sozialforschungsinstituts. Gerade eben hat sie zwei Wochen intensiver Arbeit für ein wichtiges Projekt hinter sich gebracht. Da erreicht sie ein Anruf ihres Vorgesetzten: „Oh, Sie sind noch da. Genau Sie wollte ich erreichen. Wir brauchen dringend noch Hintergrunddaten für das Projekt zur Wohnqualität." „... aber ich wollte gerade gehen!" „Ja, ich weiß, Sie arbeiten immer sehr genau, darum finde ich es auch völlig in Ordnung, wenn Sie für manche Sachen etwas länger brauchen. Es reicht ja auch völlig, wenn ich die Daten bis morgen nachmittag habe. Sie sind doch eine unserer kompetentesten MitarbeiterInnen. Sie schaffen das schon." Sonja zögert: „Aber morgen ist Samstag, und ich habe doch schon an den letzten beiden Wochenenden gearbeitet." Der Vorgesetzte wird etwas weniger freundlich: „Na ja, wenn Sie sich das nicht zutrauen, werde ich eben versuchen, Angelika zu erreichen, die hat keine Kinder und ist flexibler." Sonja resigniert, sagt Ihrem Chef die Daten zu und schaltet den Computer wieder ein.

Durch eine Mischung aus Schmeicheleien, Drohungen und dem Ansprechen von Gefühlen wie Loyalität, Ehrgeiz und Konkurrenz hat Sonjas Vorgesetzter seine Interessen durchgesetzt.

Wie können Sie auf Manipulationsversuche reagieren?

▶ Achten Sie auf Ihre Gefühle – Unbehagen, Verwirrung und Mißtrauen etc. können wertvolle Hinweise sein!
▶ Fragen Sie gezielt nach, wenn Ihnen etwas nicht klar ist, notfalls auch mehrmals – so lange, bis Sie eine befriedigende Antwort erhalten! Oder halten Sie fest, daß Ihnen noch immer nicht klar ist, was Ihr Gegenüber eigentlich will!
▶ Weisen Sie darauf hin, wenn Ihre Fragen und Einwände unbeantwortet bleiben, und lassen Sie sich nicht mit Unklarheiten abspeisen!
▶ Lassen Sie sich keinesfalls unter Zeitdruck setzen!
▶ Lassen Sie sich keine Antworten, Zugeständnisse, Entscheidungen etc. abringen, solange Sie nicht das Gefühl haben, alles ausreichend bedacht zu haben!

Es ist allerdings wichtig abzuwägen, ob Ihnen eine Abwehr eines Manipulationsversuchs eher schadet oder nützt. In hierarchischen Strukturen oder anderen Abhängigkeitsverhältnissen ist es oft sinnvoller, darauf einzugehen. Um nicht zähneknirschend auf Ihrem Ärger und anderen negativen Gefühlen „sitzenzubleiben", tun Sie gut daran, zumindest klare Grenzen abzustecken oder einen Tauschhandel anzustreben. „Na gut, ich sehe ein, daß das jetzt dringend ist, aber dann möchte ich dafür, daß Sie mir in dieser Sache auch entgegenkommen."

Wenn Sie Manipulation aktiv einsetzen wollen, gibt es Mechanismen, die bei sehr viel Menschen funktionieren:

1. Narzißmus

Die zu manipulierende Person liebt es, sich im Scheinwerferlicht zu präsentieren. Sie ist geradezu abhängig von Lob und Anerkennung von außen. Untersuchungen (Hesse/Schrader, *Die Neurosen der Chefs*) wiesen nach, daß diese neurotische Tendenz überproportional häufig bei Managern/Vorgesetzten vorkommt. Sich plump gegen einen Chef zur Wehr zu setzen ist hochriskant, ihn zu manipulieren weniger.

Daher: Wenn es Ihnen gelingt, Ihr Anliegen damit zu verknüpfen, daß z.B. Ihre Firma und damit Ihr Chef in einer Zeitungsstory erscheint, wird er Ihnen bei der Realisierung dieses Anliegens sicher zur Seite stehen.

2. Verführung/Schmeichelei

Fast alle Menschen sind anfällig für Schmeicheleien. Wer hört nicht gerne, daß er – womöglich noch im Gegensatz zu anderen – ein so besonders liebenswürdiger und hilfsbereiter Nachbar ist; wer fühlt sich nicht dadurch geschmeichelt, als die kompetenteste und engagierteste Kollegin bezeichnet zu werden? Und natürlich wollen der liebenswürdige Nachbar, die engagierte Kollegin diese guten Eigenschaften auch unter Beweis stellen und die Personen, die so viel von ihnen halten, nicht enttäuschen.

3. Angst vor Liebesverlust

„Wenn du dich hart durchsetzt, werden dich die anderen nicht mehr lieb haben" – also fordere ja nicht dein dir zustehendes Recht … Die Angst vor Liebesverlust ist sehr tief im Unterbewußten verwurzelt. Daher ist dieser Mechanismus bei sehr vielen Menschen ein brauchbarer Hebel, an dem Sie ansetzen können.

4. Schuldgefühle/Helferrolle

Bei jemandem, der sich leicht in Schuldgefühle stürzen oder in die Helfer- und Beschützerrolle drängen läßt, wirken ein leidender oder verbitterter Gesichtsausdruck, Niedergeschlagenheit in der Stimme, Anklage im Blick, Hilfeschreie in jedem Satz Wunder – jede rationale Kontrolle ist vergessen.

5. Widerstände nutzen

Nur auf den ersten Blick paradox ist eine andere Manipulationsstrategie: Wenn Sie wissen, daß eine Person zu Trotzreaktionen neigt, brauchen Sie sie nur oft genug in eine Richtung zu drängen, und sie wird mit schlafwandlerischer Sicherheit in die andere Richtung streben – so, wie Sie es von Anfang an geplant haben. Wenn Sie an dieser Strategie Spaß haben, können Sie sie sogar durch Feinheiten noch ausbauen: Was wirkt besser: strenges, autoritäres Gehabe, mütterliche Fürsorglichkeit, oberlehrerhaftes Allwissendsein – probieren Sie's aus!

Tip: **Ein Puppenspieler braucht Macht, um erfolgreich zu sein. Ein Manipulator nicht unbedingt!**

4. Konsequenzen

4.1 Der Preis

Nach jeder Auseinandersetzung ist eine Erfolgskontrolle vonnöten. Meistens wird bei Mißerfolgen heftig gejammert und die Unbill beklagt, statt sich über die Ursachen des Mißlingens Gedanken zu machen. Es lohnt sich, nicht nur bei Fehlschlägen, sondern auch bei Erfolgen zu überdenken, was wann warum wie (nicht) geklappt hat. Was ist Ihnen gelungen, was sind Ihre Stärken, worauf können Sie sich in Zukunft verlassen, woran wollen Sie noch arbeiten?

Haben Sie Ihr(e) Ziel(e) erreicht oder nicht? Ist das eingetreten, was Sie wirklich wollten? Haben Sie Ihre Strategie/n durchgehalten? Warum (nicht)? Wie hat Ihre Strategie gewirkt? Wie hat sie gepaßt? Waren Sie flexibel genug, sie bei Bedarf abzuändern? Was war Ihr Anteil, was der Anteil anderer Beteiligter? Was können Sie verändern, was nicht?

Niederlagen können unangenehm und schmerzhaft sein, sind allerdings häufig der Motor für eine Weiterentwicklung. Lassen Sie sich nicht dazu hinreißen, nach Mißerfolgen alles negativ zu sehen. Zum einen sind in mancher scheinbaren Schlappe auch Teilerfolge zu entdecken, zum anderen kann jedes Mißlingen ein Lernfeld für zukünftige Auseinandersetzungen eröffnen. Und dieses Potential nicht zu nutzen ist eine Vergeudung von Chancen.

Sie haben gewonnen! Ihre Strategie ist aufgegangen. Sie sind glücklich und zufrieden. Oder doch nicht?

Häufig ist es so, daß Seminarteilnehmer berichten, daß sie sich nach einem Triumph nicht so gut fühlen, wie sie eigentlich erwartet haben, sondern sich mit ihrem schlechten Gewissen herumplagen.

Gerade dieser Effekt ist einer der Gründe, warum es so wichtig ist, die eigenen Ziele vorher klar zu definieren und auch eine Kosten-Nutzen-Rechnung anzustellen – und bei den Kosten von Sieg oder Niederlage auch emotionale Kosten mitzuberechnen.

Denn wie auch immer das Resultat einer Auseinandersetzung aussehen mag – nicht nur für Sie selbst, auch für andere Betroffene, ja selbst für unbeteiligte Dritte wird sich etwas dadurch verändern. Man tritt Siegern anders entgegen als Verlierern. Fairen Siegern wird der Sieg eher gegönnt als brutalen Dampfwalzen. Ein guter Verlierer kann von anderen höher geschätzt werden als ein arroganter Triumphator.

Die Angst davor, als brutal, aggressiv oder arrogant gesehen zu werden, führt nicht selten dazu, daß Gewinner ihren Erfolg zunichte machen, indem sie bereits gewonnenes Terrain kampflos wieder räumen – also aufgeben.

Gewinnen und dieses dann doch nicht genießen zu können ist unserer Erfahrung nach ein Dilemma, das vor allem Frauen betrifft, hatten sie doch zumeist weniger als Männer die Gelegenheit, von Kindesbeinen an Wettkämpfe auszutragen und sich dabei mit Gewinnen und Verlieren zu konfrontieren. Das zeigt sich auch daran, daß Frauen sich z. B. in Filmen eher mit den Verlierern oder Opfern (etwa in Krimis oder in Horrorfilmen) identifizieren.

Wenn Sie mit dieser Auswirkung von Siegen zu kämpfen haben, probieren Sie einmal folgende Übung aus:

Übung

Stellen Sie sich vor, Sie hätten eine Herausforderung siegreich bewältigt. Stellen Sie sich vor, wie angenehm es ist, der/die Stärkere zu sein, die Zufriedenheit mit der eigenen Leistung und dem hart erkämpften Erfolg zu spüren und dadurch zu wachsen, die Anerkennung der Umgebung zu bekommen, sich einflußreich und mächtig zu fühlen. Entwickeln Sie die Lust am Sieg!

Schauen Sie sich genau an, in welcher Situation und welcher Umgebung, gegen welche Gegner es Ihnen schwerfällt, einen Sieg zu genießen.

Gibt es Menschen in Ihrer Umgebung, die Sie daran hindern wollen, zu gewinnen? Sind Sie gewohnt zu hören, daß „Klügere nachgeben" (was letztendlich nur dazu führt, daß die Dummen leichtes Spiel haben)? Ist es unhöflich, „das eigene Licht unter den Scheffel zu stellen" (mit dem Ergebnis, daß Sie aus einer großen Zahl „kleiner Lichter" nicht herausstechen)? „Stinkt Eigenlob", und ist es opportuner, sich in noble Zurückhaltung zu hüllen?

Beim Gewinnen-Wollen geht es nicht darum, die Wertvorstellungen anderer aus Ihrer Umgebung zu erfüllen, sondern für sich selbst zu klären, was Sie um welchen Preis wollen. *Entscheiden* Sie sich dafür, daß der Sieg für Sie moralisch nicht vertretbar ist oder daß Sie ihn aus anderen Gründen nicht aushalten oder genießen können, ersparen Sie sich lieber gleich den ganzen Aufwand – oder überlegen Sie sich eine Variante, bei der Ihr Sieg nicht gleich zu entdecken ist, oder einen gänzlich anderen Weg, Ihre Ziele zu erreichen!

Denn wenn Sie sich dafür entscheiden, die Mühe von strategischer Planung, Informationsrecherche, Vorbereitung etc. auf sich zu nehmen, sollten Sie auch etwas davon haben: nämlich den Spaß an Ihrem Triumph!

Denn nach jedem Kampf gibt es ein Ergebnis: Sieg oder Niederlage. Jedesmal, wenn Sie sich auf einen Kampf einlassen, nehmen Sie das Risiko auf sich, zu verlieren. Dieses Risiko wird um so höher, je höher der Einsatz ist. Wenn Sie mit Ihrem Freund um einen Euro wetten, daß Sie schneller als er auf einem Bein hüpfen können, wird das Risiko, der eventuelle Verlust leicht verschmerzbar sein. Wetten Sie allerdings um eine Million, bekommt der Sieg oder die allfällige Niederlage eine ganz andere Bedeutung.

Nicht immer ist das Risiko einer Auseinandersetzung in Zahlen meßbar. Das Risiko besteht auch darin, daß ein möglicher Gewinn Reaktionen des Umfelds nach sich zieht. Wenn es darum geht, sich gegenüber den Kollegen durchzusetzen, ist der mögliche Neid, die Mißgunst, der Liebesverlust nicht so leicht meßbar. Vor allem, wenn es darum geht, ihn gegen einen möglichen Gewinn, wie z.B. mehr eigenes Wohlbefinden und Stolz auf die eigene Leistung aufzuwiegen.

Der Preis dafür, sich der Mittel der Kampfrhetorik zu bedienen, kann der Verlust von Anerkennung, Sympathie und Unterstützung sein. Vielleicht verderben Sie es sich durch einen schnellen Sieg über Ihren Kollegen mit Ihrem Chef. Entscheiden Sie sich gegen den Kampf, unterwerfen Sie sich freiwillig, werden Ihre Interessen, Ihre Themen nicht berücksichtigt werden. Sie werden ohne das Sich-Messen an anderen nie wissen, wie stark / mächtig Sie sind.

4.2 Und die Moral von der Geschicht´ ...

„Die Angreifer sind eine Gattung von Menschen, die ihr ganzes persönlichkeitsbildendes Lernpotential auf unfaire Gesprächsführung, Schläge unter die Gürtellinie und Beeinflussungsmöglichkeiten aller Art richten. (...) Sie bemühen sich nicht um eine sachliche, funktionale Lösung, sondern sind alleine an ihrem persönlichen Erfolg interessiert und nehmen bei ihrer Argumentation keine Rücksicht auf Verluste. (...) Diese Menschen schrecken auch nicht vor Rufmord zurück." (H. Mizerovsky, *Kampfrhetorik*)

Die Vermischung von Moral und kommunikativen Strategien ist weit verbreitet – auch unter „Fachleuten", wie der Verfasser dieser Zeilen exemplarisch vorführt. Er unterscheidet in seinem Skriptum streng zwischen „Angreifern" und „Verteidigern", erstere sind böse, zweitere gut. Solange man sich selbst als Verteidiger definiert („Ich wehre mich ja nur"), sind alle Mittel erlaubt und auch moralisch gerechtfertigt – Hauptsache, man will nur das Beste im Sinne der Sache und nicht gar um jeden Preis gewinnen!

Was wir mit diesem Buch wollen, ist, Ihnen eine wertungsfreie Darstellung von Strategien und Taktiken für Konfrontationen – also Auseinandersetzungen aller Art, Verhandlungen, Konflikte etc. – zu bieten und damit Handlungsalternativen aufzuzeigen, die Sie zur Verbreiterung Ihres ganz persönlichen Repertoires nutzen können.

Wir gehen dabei von einem Modell aus: Alle Teilnehmer (sofern es sich um erwachsene, psychisch gesunde und weder hör- noch sprechbehinderte Personen handelt) an einem kommunikativen Prozeß haben gleich viel Verantwortung für den Verlauf dieses Prozesses.

110

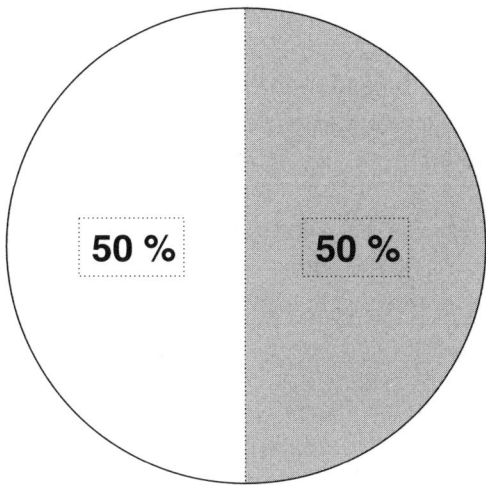

Abbildung: Einflußmöglichkeit in einem Dialog

Wenn Sie also in einem Gespräch wenig oder gar nichts sagen, müssen Sie sich selber fragen, warum Sie Ihre Möglichkeiten ungenügend nutzen. Die übliche Frage – „Warum kümmerst du dich nicht um mich?" (also: „Ich bin gut, du bist böse") – ist unproduktiv, kann doch Ihr Gegenüber nicht Gedanken lesen und weiß zumeist gar nicht, warum Sie sich kaum am Gespräch beteiligen. Letztendlich geht es um die Eigenverantwortung, die Sie für sich selbst und Ihre Handlungen haben, die Sie jedoch auch Ihren Gesprächspartnern zugestehen. Diese Richtlinie kann eine große Entlastung sein. Sie sind nicht mehr für das Wohl Ihres Gegenübers verantwortlich – darum muß sich das Gegenüber selber kümmern.

Ein uns bekannter Trainer faßte dieses Prinzip in einem Seminar mit folgenden Worten provokant zusammen: „Jeder ist für seinen Orgasmus selbst verantwortlich."

Oft fühlen wir uns versucht, uns an den sparsamen Stil des anderen anzupassen und auch unseren Gesprächsanteil zu reduzieren, um nicht übermächtig, dominant oder aggressiv zu erscheinen. Damit kann jedoch keine Ausgewogenheit hergestellt werden. Die Folge ist in vielen Fällen ein völliges Versiegen des Gesprächs. Oder aber Sie sind einer raffinierten Strategie auf den Leim gegangen, indem Ihr Gegenüber Ihr Zurücknehmen nützt und plötzlich das Gespräch beherrscht – das Gegenüber hat wunderbar auf Ihrem „emotionalen Klavier" gespielt.

Wir werben mit unserem Ansatz nicht für eine „ethikfreie Zone" und rufen auch nicht zum Einsatz aller Mittel auf. Ethische Grenzen, Regeln und Gesetze organisieren menschliches Zusammenleben und sind deshalb unverzichtbar. Diese Regeln und Gesetze sind allerdings nicht in allen Kulturen gleich und gelten auch in ein und derselben Kultur nicht gleichermaßen für alle:

„Der Gebrauch von derben Schimpfwörtern ist unweiblich" – diese Regel gilt noch immer in weiten Teilen der westlichen Kultur; es gibt aber durchaus Kulturen, in denen andere Bewertungen gelten.

„Jemanden zu siezen ist ein Ausdruck der Höflichkeit, darum duzt man niemanden, den man nicht kennt." Der Respekt, der den Hintergrund dieser Regel bildet, gilt sehr häufig nicht für den Umgang mit Kindern oder auch oft mit alten, kranken („Na, wie geht's uns denn heute?") oder behinderten Personen sowie Ausländern („Du sprechen deutsch?").

Was als passend, höflich, standesgemäß, moralisch, sittlich etc. gilt, ist abhängig von der gesellschaftlichen Schicht, von Erziehung, Bildung und anderen Einflüssen. Ethische Grenzen und ethisch einwandfreies Verhalten werden also individuell, d.h. von unterschiedlichen Personen verschieden definiert.

Sie können zwar davon ausgehen, daß die Mehrzahl der Menschen, mit denen Sie zu tun haben, einen Gutteil Ihrer Werte teilt oder sie zumindest versteht, dennoch: Es muß nicht so sein! Insofern handelt es sich um Annahmen, die noch überprüft werden müssen. Und was machen Sie, wenn sich Ihr Gegenüber nicht an bestimmte Grundsätze – z.B. den Gesprächspartner nicht zu unterbrechen – hält?

Vor allem angesichts der Tatsache, daß sich in der Gesellschaft ein Wertewandel ereignet. Der Grundsatz „Wir müssen uns um Schwächere kümmern" (christliches und sozialistisches Gedankengut) wird immer weniger ins alltägliche Leben eingebunden. Die neuen Grundsätze, ob wir sie nun gut oder schlecht heißen mögen, lauten: „Survival of the fittest" und: „Jeder ist sich selbst der Nächste."

Kampfrhetorik heißt, sich über die eigenen moralischen Werte klarzuwerden. Tun Sie das nicht, führt das zu halbherzigen Aktionen, zu einem Scheitern vor der Ziellinie. Sie bieten unnötige Angriffsflächen und wirken unglaubwürdig. Kampfrhetorik heißt nicht, die eigenen Werte zu verletzen, sondern dafür zu sorgen, daß Ihre

Klarheit Ihnen einen Aktionsradius schafft, der Ihren Werten entspricht und in dem Sie erfolgreich agieren können.

Die eigenen Grenzen auszuloten kann sehr lustvoll sein. Sich bewußt damit zu beschäftigen, wie „fair" oder sogar „unfair" Sie sich verhalten wollen, kann Spaß machen. Es kann Spaß machen, jemanden zu besiegen, den Applaus des Publikums einzuheimsen. Erst wenn Sie von der „verbotenen Frucht" gekostet haben, sich zumindest vorgestellt haben, wie sie wohl schmeckt, können Sie bewußt und klar Ihre ethischen Grenzen ziehen. Wobei wir auf das 50%-Modell zurückkommen und betonen: Weder wollen noch können wir für Sie entscheiden. Das müssen Sie selbst tun!

Zusammenfassung: Faire und unfaire Gesprächstaktiken

Taktik	Wirkung(en)	Reaktion/Gegentaktik
1. Wort	Präsentationsmöglichkeit, Raum & Macht besetzen, Offensive, Möglichkeit, Thema/Richtung/sich selbst/GegnerIn zu definieren	unterbrechen, ignorieren (und dies deklarieren), umdefinieren, zurückweisen
ModeratorInnenfunktion	Präsentationsmöglichkeit, Raum & Macht besetzen, Offensive, Möglichkeit, Thema/Richtung/sich selbst/GegnerIn zu definieren, Einflußnahme auf Regeln	unterbrechen, ignorieren (und dies deklarieren), umdefinieren, zurückweisen, Gegenüber Kompetenz absprechen
Regeln definieren	Raum/Macht anderer beschneiden und für sich beanspruchen, möglichst optimale Bedingungen für eigenes Handeln schaffen	Regeln neu definieren, umgehen, hinterfragen, Taktik aufdecken
Regeln hinterfragen, neue Regeln einfordern	Raum/Macht anderer beschneiden und für sich beanspruchen, Verunsicherung, Verwirrung, Aufwertung der eigenen Person	auf Regeln beharren, Taktik aufdecken, Motiv/Zweck erfragen
Rahmenbedingungen hinterfragen	Raum/Macht anderer beschneiden und für sich beanspruchen, Verunsicherung, Verwirrung, Aufwertung der eigenen Person	sich nicht darauf einlassen, ignorieren, (gönnerhaft oder ernsthaft) zustimmen, Motiv/Zweck erfragen, Taktik hinterfragen
Thema wechseln	Raum/Macht anderer beschneiden und für sich beanspruchen, eigenes Thema einbringen, Ablenkungs- und Verwirrungstaktik	ignorieren, erneut wechseln und Thema weiterverfolgen, neues Thema abqualifizieren
Thema abwerten	Gegenüber abwerten, sich selbst aufwerten, Vorbereitung auf Themenwechsel	Abwertung zurückweisen, Urteilskompetenz des Gegenübers anzweifeln

Taktik	Wirkung(en)	Reaktion/Gegentaktik
eigene Rolle definieren	Aufwertung der eigenen Person, auf Kompetenz etc. hinweisen, Spielraum verschaffen/vergrößern	anzweifeln, hinterfragen, nicht akzeptieren
Rolle des/der GesprächspartnerIn definieren	Etikettierung, negative/enge/falsche Rollendefinition zuweisen	zurückweisen, eigene Rolle selbst definieren
GesprächspartnerIn abwerten	Emotionalisierung, Provokation, Konfrontation	zurückweisen, ad absurdum führen, Taktik aufdecken
Vorwürfe	Emotionalisierung, Provokation, Konfrontation, Schuldgefühle wecken, Gegenüber abwerten oder bloßstellen, Ablenkungsmanöver	auf Sachebene zurückführen, Vorwurf zurückweisen, Taktik aufdecken, kontern
Reizwörter	Emotionalisierung, Provokation, Konfrontation, Ablenkung, Negativbewertung	auf Sachebene zurückführen, Taktik aufdecken, Vorwurf zurückweisen
Klischees, Vorurteile	Emotionalisierung, Provokation, Konfrontation, Ablenkung, Negativbewertung	auf Sachebene zurückführen, Klischees/Vorurteile bloßstellen, zurückweisen, abgrenzen
unterbrechen	Machtwechsel, Irritation, Provokation, Geringschätzung des Gegenübers ...	weiterreden, Verweis auf Regeln, abkanzeln, lauter werden, Stakkato (schnelle & kurze Sätze) ...
Paralleldiskussionen	Provokation, Ablenkung, Spaltungsversuch, Störung	ignorieren, Regeln einfordern, moderierend eingreifen, abstellen
Beispiel/ Metapher/ Vergleich	plastischer und glaubhafter machen, sich mehr Redezeit nehmen, Irritation, Manipulation	weiterführen, verdrehen, überspitzen, zurückweisen, ignorieren, abwerten, richtigstellen
(persönliches) Beispiel	unwiderlegbar, Betroffenheit, emotionalisieren, „ich als ..." (VertreterIn einer Gruppe)	diffamieren, „Einzelschicksal", ignorieren, „zur Sache", Subjektivität vorwerfen
Zahlen/Statistiken	Objektivität, Repräsentativität, Sachlichkeit/ ExpertInnentum	hinterfragen, anzweifeln, abwerten, „Beispiele" einfordern
Zitate, Fremdwörter, „Fachchinesisch" etc.	Abgrenzung, Machtanspruch, ExpertInnentum, Objektivität	hinterfragen, erklären, ergänzen, korrigieren, Taktik bloßstellen

Taktik	Wirkung(en)	Reaktion/Gegentaktik
Fragen	Interesse, Klärung/Vermeidung von Mißverständnissen, Verunsicherung, Provokation, festnageln, Themen-/ Richtungs-/Perspektivenwechsel, an eigene Gruppe weiterleiten, LehrerIn-SchülerIn-Verhältnis herstellen ...	(gönnerhaft und ausführlich) beantworten, Themen-/Richtungs-/Perspektivenwechsel ignorieren, auf später verweisen, mißverstehen, ignorieren ...
zustimmen	Offenheit signalisieren, Gemeinsamkeit herstellen/betonen, in Sicherheit wiegen, „sowohl-als-auch"	in Anspruch nehmen, weiter nehmen als gemeint, hinterfragen, zurückweisen
	generell: ➤ *Kompromiß, Konsens, Überzeugung*	
widersprechen	Abgrenzung, anderer hat Unrecht, Provokation, Konfrontation	abqualifizieren, beharren, rückfragen, akzeptieren, ignorieren (& deklarieren)
Gegenüber direkt und persönlich ansprechen (mit Namen etc.)	Störung, Provokation, Spaltungsversuch (in Teams und Gruppen), Ablenkung, Beziehung herstellen oder vertiefen, Kooperationsangebot	ignorieren, abgrenzen, Spieß umdrehen, Angebote ablehnen oder annehmen
Lautstärke	Irritation, Unterbrechung, Provokation, Platz verschaffen	noch lauter, leiser bleiben, auf Lautstärke hinweisen, tadeln, Überraschungseffekt

Checkliste
Konfrontationsvorbereitung

Gesprächsgegner bzw. Gesprächsgegnerin

- Welche Einstellung hat das Gegenüber zu Politik – Religion – Wirtschaft?
- Wie ist die Einstellung des Gegenübers zu spezifischen Themen?
- Wie ist die Einstellung des Gegenübers zum Thema der Auseinandersetzung?
- Wo liegen die Unterschiede in den Auffassungen?
- Ist der Gesprächspartner an einer Auseinandersetzung interessiert?
- Was weiß die GesprächspartnerIn über das Thema?
- Was macht der Gesprächspartner beruflich?
- Welche berufliche Stellung, welche hierarchische Position nimmt sie ein?
- Was ist bekannt über das private Umfeld des Gesprächsgegners?
- Gibt es Informationen über Freunde, Bekannte, familiären Hintergrund?
- Welche Hobbys, Interessen, Vorlieben hat er?
- Welchen Gesprächs- und Auseinandersetzungsstil hat der Gesprächsgegner?
- Welches Verhältnis hat die GesprächsgegnerIn zu mir?
- Was weiß das Gegenüber über mich?
- Wie verliefen unsere bisherigen Begegnungen?

Rahmenbedingungen

- Wo findet die Auseinandersetzung statt?
- Habe ich Einfluß auf den Ort?
- Wann findet die Auseinandersetzung statt?
- Wieviel Zeit steht zur Verfügung?
- Wer hat den größeren Zeitdruck?
- Kann ich Zeitpunkt oder Zeitdauer beeinflussen?

- Gibt es bestimmte Regeln, nach denen die Auseinandersetzung stattfinden wird?
- Kann ich diese Regeln mitbestimmen, beeinflussen, außer Kraft setzen?

Hintergründe

- Worum geht es bei der Auseinandersetzung?
- Wer hat die Initiative ergriffen?
- Welche Verbündeten hat jede Partei?
- Werden Dritte bei der Auseinandersetzung anwesend sein?
- Welche Rolle spielen diese?
- Sind sie Betroffene oder Unbeteiligte, potentielle Verbündete oder GegnerInnen?
- Welche Motive und Zielsetzungen haben die direkt Beteiligten, welche andere Personen?
- Was kann/soll (maximal/mindestens) erreicht werden?
- Wie/woran kann der Erfolg gemessen werden?
- Wann ist die Auseinandersetzung erfolgreich?

Strategien

- Was sind die wichtigsten Argumente?
- Wann ist es sinnvoll, diese Argumente ins Spiel zu bringen?
- Was sind die wichtigsten Gegenargumente?
- Wie können die Gegenargumente entkräftet werden?
- Wie kann ich Regeln und Rahmenbedingungen zu meinen Gunsten verändern oder für mich nutzen?
- Will ich emotionalisieren, oder will ich das Gespräch auf einer sachlicheren Ebene führen?
- Wie will ich in diesem Gespräch wirken? Aggressiv/kooperativ etc.?
- Welche meiner Qualitäten/Kompetenzen/Stärken will ich hervorheben?
- Wie will ich auf mögliche Angriffe oder Übergriffe reagieren?
- Was soll anderen von meinem Auftritt im Gedächtnis bleiben?
- Wie/wodurch kann ein positives Klima für mich und meine Inhalte hergestellt werden?

Die Autorinnen

Antonia Cicero

Geboren 1964 in Mailand/Italien
Trainerin, Beraterin und Fachautorin
Arbeitsschwerpunkte: Beratung und Begleitung von Veränderungsprozessen in Organisationen; Teambildung, Teamentwicklung, Teamdynamik; Strategieentwicklung; Szenarien; Wissens- und Informationsmanagement.
Forschungsschwerpunkte: Machtbeziehungen; geschlechtsspezifisches Verhalten in Kommunikation und Gruppen- und Organisationsdynamik, Informationsmanagement.

Julia Kuderna

Geboren 1965 in Wien
Seit 1987 Kommunikationstrainerin, Beginn im Non-Profit-Bereich, inzwischen immer mehr Wirtschaftsaufträge
Arbeitsschwerpunkte: Strategische Kommunikation und Rhetorik, Führen und Leiten, frauenspezifische Trainings, Medienarbeit
Aktueller Forschungsschwerpunkt: Geschlechtsspezifika in Kommunikation und in Gruppen- und Teamdynamik

Zusammenarbeit in den Bereichen Strategische Kommunikation und Rhetorik, Entwicklung von Seminardesigns, Theorie und Übungen, Train-the-Trainer

Auswahl aus dem gemeinsamen Seminarangebot:
▶ Kampfrhetorik
▶ Verhandlungstechnik
▶ Führungskompetenz
▶ Strategisches Konfliktmanagement
▶ Macht-Spiele

Gemeinsame Publikation: *Art of Speech: Frauen, Sprache, Macht.* Wien: Edition Passagen 1997

Für weitere Informationen:

Antonia Cicero
Fröbelg. 20/1/3-5
A-1160 Wien
Tel.: 0043-1-494 15 70
e-mail: antonia.cicero@blackbox.at

Julia Kuderna
Zwölfpfennigg. 3/40/2
A-1100 Wien
Tel.: 0043-1-689 55 76
e-Mail: J.Kuderna@aon.at

Kommentierte Literaturhinweise

Wir wollten unserem Text nicht einfach nur eine Liste von mehr oder weniger wissenschaftlichen Publikationen anfügen, sondern den Leserinnen und Lesern auch Hinweise zu den Inhalten geben.

Allerdings: Sowohl die Auswahl der Bücher als auch unsere Kommentare sind ganz bewußt subjektiv – also geprägt von unseren Vorlieben und Abneigungen. Wir nehmen dabei nicht unbedingt in Anspruch, die absolute Wahrheit gepachtet zu haben.

Wolfhart BERG: **Mit den Wölfen heulen. Tips und Tricks für die Karriere auf die „fiese" Art.** Landsberg am Lech: mvg 1995.
Der Autor hält sich nicht mit moralischen Überlegungen auf, sondern liefert eine Tipsammlung, die teilweise ganz amüsant zu lesen ist.

Eric BERNE: **Spiele der Erwachsenen.** Frankfurt/Main: Fischer 1973.
Der Begründer der Transaktionsanalyse beschreibt eine Unzahl von „Spielen" und Konflikten und gibt Hinweise auf Lösungsmöglichkeiten.

Paul CARROLL: **Der Computerkrieg. Ein Kampf der Giganten.** München: Heyne 1994.
Die Geschichte der Auseinandersetzung von (damals noch: David) Microsoft und (Goliath) IBM und die Beschreibung der Fehler, die IBM unterlaufen sind, die entscheidend zum Aufstieg Microsofts beigetragen haben.

A. CICERO, U. HORN, C. KLIMA, J. KUDERNA: **Frauen – Sprache – Macht.** Wien: Passagen 1997
Dokumentation des gleichnamigen Symposiums, das 1994 in Wien stattfand. Mit Beiträgen von Gitta Mühlen-Achs, Rotraud Perner, Ruth Wodak u.a.

Friedrich GLASL: **Konfliktmanagement. Ein Handbuch für Führungskräfte und Berater.** Stuttgart, Bern: Verlag Paul Haupt 1990
Umfangreicher Klassiker zu den Themen Konflikt, Konflikteskalation und Konfliktmanagement. Im Stil sehr wissenschaftlich und eher für BeraterInnen von Interesse.

Harriet GOLDHOR LERNER: **Wohin mit meiner Wut? Neue Beziehungsmuster für Frauen.** Frankfurt: Fischer 1990
Harriet Goldhor Lerner beschreibt typische Beziehungsfallen in Zusammenhang mit den Themen Wut und Aggression und zeigt mögliche Auswege aus Familienkonflikten auf.

Thomas A. HARRIS: **Ich bin o.k. Du bist o.k.** Reinbek: Rowohlt 1975
Die erste Veröffentlichung zum Thema Transaktionsanalyse überhaupt. Vor allem für hierarchische Gesprächssituationen brauchbar.

Nancy HENLEY: **Körperstrategien. Geschlecht, Macht und nonverbale Kommunikation.** Frankfurt: Fischer 1988
1973 erstmals erschienen und bis heute die beste wissenschaftliche Grundlage zum Thema Körpersprache und Macht, interessant und trotz des wissenschaftlichen Anspruchs gut lesbar.

Helga KOTTHOFF (Hg.): **Das Gelächter der Geschlechter. Humor und Macht in Gesprächen von Frauen und Männern.** Frankfurt: Fischer 1990
Eines der wenigen Bücher, die sich mit dem Thema Humor beschäftigen. Wissenschaftlich, sehr informativ.

Harald MIZEROWSKY: **Kampfrhetorik.** Wien: Service Fachverlag an der Wirtschaftsuniversität 1991.
Moralisierendes und stark vereinfachendes Skriptum.

Alexa MOHL: **Auch ohne daß ein Prinz dich küßt.** Paderborn: Junfermann 1995
Tips, Tricks und Übungen auf der Basis NLP. Frauenspezifisch. Mit sehr viel Hinweisen, wie frau (man) persönlich an sich arbeiten kann.

Frank D. PESCHANEL: **Phänomen Konflikt. Die Kunst erfolgreicher Lösungsstrategien.** Paderborn: Junfermann 1993
Kein Tip-Buch, sondern ein guter Überblick über Modelle und Übungen zum Thema Konfliktbewältigung. Für TrainerInnen und interessierte Laien.

Chlodwig POTH: **Taktik des Ehekrieges.** Frankfurt: Fischer 1980
Comic. Führt anhand des Beispiels Ehekrieg Mechanismen und Kampfstrategien auf amüsante Art und Weise vor.

Luise F. PUSCH: **Das Deutsche als Männersprache.** Frankfurt: Suhrkamp 1984
Luise F. PUSCH: **Alle Menschen werden Schwestern.** Frankfurt: Suhrkamp 1990
Polemische und pointiert feministische Aufsatzsammlung der deutschen Linguistin; Leckerbissen für alle, die Vergnügen an radikalem Sprachwitz haben.

Fritz RIEMANN: **Grundformen der Angst.** München: Ernst Reinhardt 1971
Wissenschaftliches Werk zur Neurosenforschung. Bietet eine gute Grundlage, um neurotische Verhaltenstendenzen besser verstehen und besser damit umgehen zu können.

Harriet RUBIN: **Machiavelli für Frauen.** Frankfurt: W. Krüger 1997
Der Titel und auch die ersten Kapitel versprechen wesentlich mehr, als in Folge von der Autorin eingelöst wird. Insgesamt bietet das Buch leider wenig konkrete Ansätze.

Arthur SCHOPENHAUER: **Eristische Dialektik oder: Die Kunst, Recht zu behalten.** Zürich: Haffmanns 1983
Neuauflage einer Sammlung von 38 Kunstgriffen, die ebenso amüsant wie unverblümt lehrt, wie man GegnerInnen in die Ecke drängen und aufs Kreuz legen kann. Die altertümliche Sprache ist etwas gewöhnungsbedürftig, aber die Mühe lohnt sich.

Friedemann SCHULZ VON THUN: **Miteinander reden 1 + 2.** Reinbek: Rowohlt 1981, 1989
Schwerpunkt der Publikation ist das von Schulz von Thun entwickelte 4-Seiten- bzw. 4-Ohren-Modell.

Gerhard SCHWARZ: **Die „heilige Ordnung" der Männer. Patriarchalische Hierarchie und Gruppendynamik.** Opladen: Westdeutscher Verlag 1985
Der erste Teil des Buches ist eher etwas für Gruppendynamik-SpezialistInnen, der zweite Teil, der Schwarz Konflikt-Modell näher ausführt, ist durchaus für alle Interessierten lesenswert.

Thies STAHL: **Triffst du 'nen Frosch unterwegs.** Paderborn: Junfermann [6]1995
Eine umfassende, sehr brauchbare und allgemein verständliche Einführung ins NLP (Neurolinguistisches Programmieren), für alle Interessierten zu empfehlen.

Ian STEWART, V. JOINES: **Die Transaktionsanalyse.** Freiburg: Herder 1991
Eine umfassende und lesbare Darstellung der transaktionsanalytischen Theorie von den Anfängen bis zu aktuellen Entwicklungen, versehen mit leicht verständlichen Übungen.

Martin THAU: **Intrigen, Heimtücke und Verschlagenheit im Alltag. Leitfaden der öffentlichen und privaten Hinterlist.** München: Orbis Verlag 1994
Martin Thau räumt auf mit der Illusion der heilen Welt und bietet einfache Rezepte zum Thema Hinterlist und Tücke.

Christiane TRAMITZ: **Irren ist männlich. Weibliche Körpersprache und ihre Wirkung auf Männer.** München: Goldmann 1993
Stark vereinfachte biologistische Sichtweise auf das Thema Körpersprache – jedoch als Nachweis, daß Männer körpersprachliche Signale von Frauen oft mißverstehen; interessant.

Senta TRÖMEL-PLÖTZ (Hg.): **Gewalt durch Sprache.** Frankfurt: Fischer 1984
Die Grundlage der feministischen Sprachkritik im deutschsprachigen Raum. Beschäftigt sich aus feministisch-wissenschaftlichem Blickwinkel mit dem Machtaspekt von Sprache und Sprechverhalten.

Paul WATZLAWICK: **Anleitung zum Unglücklichsein.** München: Piper 1983
Amüsante und leicht zu lesende Zusammenfassung der Watzlawickschen Thesen, die nicht ohne Grund ein Bestseller wurde.

Marianne WEX: **„Weibliche" und „männliche" Körpersprache als Folge patriarchalischer Machtverhältnisse.** Frankfurt: M. Wex [2]1980
Umfangreiche Photosammlung, Gegenüberstellung und Entlarvung von z. B. typisch männlichen und weiblichen Beinhaltungen. Durch die Fülle an Material höchst aufschlußreich und eindrucksvoll.